CONTEÚDO DIGITAL PARA ALUNOS

Cadastre-se e transforme seus estudos em uma experiência única de aprendizado:

1

Entre na página de cadastro:

https://sistemas.editoradobrasil.com.br/cadastro

2

Além dos seus dados pessoais e dos dados de sua escola, adicione ao cadastro o código do aluno, que garantirá a exclusividade do seu ingresso à plataforma.

1439796A1416616

3

Depois, acesse:

https://leb.editoradobrasil.com.br/

e navegue pelos conteúdos digitais de sua coleção :D

Lembre-se de que esse código, pessoal e intransferível, é válido por um ano. Guarde-o com cuidado, pois é a única maneira de você acessar os conteúdos da plataforma.

CB037117

Editora do Brasil

BRINCANDO COM AS PALAVRAS

ORGANIZADORA: EDITORA DO BRASIL

4

E N S I N O

FUNDAMENTAL

5ª EDIÇÃO
SÃO PAULO, 2020

Editora do Brasil

Dados Internacionais de Catalogação na Publicação (CIP)
(Câmara Brasileira do Livro, SP, Brasil)

Brincando com as palavras, 4 : ensino fundamental /
organização Editora do Brasil. -- 5. ed. --
São Paulo : Editora do Brasil, 2020. --
(Brincando com)

ISBN 978-65-5817-248-2 (aluno)
ISBN 978-65-5817-249-9 (professor)

1. Lingua portuguesa (Ensino fundamental)
I. Série.

20-39583   CDD-372.6

Índices para catálogo sistemático:

1. Lingua portuguesa : Ensino fundamental   372.6
Cibele Maria Dias - Bibliotecária - CRB-8/9427

© Editora do Brasil S.A., 2020
Todos os direitos reservados

Direção-geral: Vicente Tortamano Avanso

Direção editorial: Felipe Ramos Poletti
Gerência editorial: Erika Caldin
Supervisão de arte: Andrea Melo
Supervisão de editoração: Abdonildo José de Lima Santos
Supervisão de revisão: Dora Helena Feres
Supervisão de iconografia: Léo Burgos
Supervisão de digital: Ethel Shuña Queiroz
Supervisão de controle de processos editoriais: Roseli Said
Supervisão de direitos autorais: Marilisa Bertolone Mendes

Supervisão editorial: Selma Corrêa
Edição: Camila Gutierrez e Simone D'Alevedo
Assistência editorial: Gabriel Madeira, Júlia Nejelschi e Márcia Pessoa
Auxílio editorial: Laura Camanho
Apoio editorial: Priscila Ramos de Azevedo
Especialista em copidesque e revisão: Elaine Cristina da Silva
Copidesque: Gisélia Costa, Ricardo Liberal e Sylmara Beletti
Revisão: Amanda Cabral, Andréia Andrade, Fernanda Almeida, Fernanda Sanchez, Flávia Gonçalves,
Gabriel Ornelas, Jonathan Busato, Mariana Paixão, Martin Gonçalves e Rosani Andreani
Pesquisa iconográfica: Priscila Ferraz e Vanessa Volk
Assistência de arte: Daniel Campos Souza
Design gráfico: Cris Viana
Capa: Megalo Design
Edição de arte: Samira de Souza
Imagem de capa: Elvis Calhau
Ilustrações: Biry Sarkis, Bruna Ishihara, Caco Bressane, Claudia Marianno, Desenhorama, Erik Malagrino, José
Wilson Magalhães, Laerte Silvino, Larissa Melo, Marcos Machado, Marlon Tenório, Paula Kranz, Ronaldo César,
Sabrina Eras, Susan Morisse, Thiago Lopes e Waldomiro Neto
Produção cartográfica: DAE (Departamento de Arte e Editoração)
Editoração eletrônica: LÓTUS Estúdio e Produção
Licenciamentos de textos: Cinthya Utiyama, Jennifer Xavier, Paula Harue Tozaki e
Renata Garbellini
Controle de processos editoriais: Bruna Alves, Carlos Nunes, Rita Poliane,
Terezinha de Fátima Oliveira e Valéria Alves

5ª edição / 5ª impressão, 2024
Impresso no parque gráfico da PifferPrint

ASSOCIAÇÃO
BRASILEIRA
DOS DIREITOS
REPROGRÁFICOS
Respeite o direito autoral

Editora do Brasil

Avenida das Nações Unidas, 12901
Torre Oeste, 20º andar
São Paulo, SP – CEP: 04578-910
Fone: +55 11 3226-0211
www.editoradobrasil.com.br

APRESENTAÇÃO

Querido aluno,

Este livro foi escrito especialmente para você, pensando em seu aprendizado e nas muitas conquistas que virão em seu futuro!

Ele será um grande apoio na busca do conhecimento. Utilize-o para aprender cada vez mais na companhia de professores, colegas e de outras pessoas de sua convivência.

Brincadeiras, poemas, contos, atividades divertidas e muitos assuntos interessantes foram selecionados para você aproveitar seu aprendizado e escrever a própria história!

Com carinho,
Editora do Brasil

SUMÁRIO

VAMOS BRINCAR

1 Junte-se a seu grupo para brincar com os dois jogos a seguir.

1. Jogo dos adjetivos

Como jogar

1. Recorte as figuras das páginas 7 e 9.
2. Coloque-as em uma caixa em que não seja possível ver o que há dentro dela.
3. O professor vai organizar a turma em grupos e, ao sinal dele, um aluno deve ir até a caixa, retirar uma figura e descrevê-la para o grupo usando somente adjetivos.
4. Cada grupo tem direito a três cartas-bônus em uma partida. São elas:
- Pesquisa de adjetivos (dá o direito de pesquisar adjetivos na internet ou no livro);
- Ajuda de um membro da equipe;
- Dois adjetivos ditos pelo professor.
5. O grupo ganha um ponto a cada imagem que acertar.
6. Vence o jogo o grupo que marcar mais pontos.

2. Jogo 1 minuto

Como jogar

1. Recorte as fichas da página 9.
2. Coloque-as em uma caixa ou vire-as para baixo.
3. A ordem de jogada dos grupos será decidida por sorteio.
4. Na vez do grupo, um dos membros retira uma ficha e fala, em um minuto, o que é pedido. O grupo pode ajudar.
5. Se o grupo cumprir o objetivo, marca um ponto.
6. Ganha o jogo o grupo que marcar mais pontos.

Jogo dos adjetivos

PESQUISA DE ADJETIVOS

AJUDA DE UM MEMBRO DA EQUIPE

DOIS ADJETIVOS DITOS PELO PROFESSOR

7

Jogo dos adjetivos

Jogo 1 minuto

Substantivos iniciados com a letra **r**.	Adjetivos que iniciam com a letra **b**.
	Adjetivos que iniciam com a letra **l**.
Cinco verbos no infinitivo que pertençam à 3ª conjugação.	Três palavras polissílabas.
	Duas palavras oxítonas.
Cinco verbos no infinitivo que pertençam à 1ª conjugação.	Três palavras trissílabas.
	Duas palavras paroxítonas.
Cinco verbos no infinitivo que pertençam à 2ª conjugação.	Três palavras dissílabas.
	Duas palavras proparoxítonas.

TEXTO 1

Você sabe o que é um acróstico? Já brincou fazendo um?
Leia o texto.

Acróstico

décima e sextilha

Brincadeira sempre é
Remédio para a incerteza,
Invenção é cafuné
No coração da tristeza.
Com poema e brincadeira,
A alegria verdadeira
Nasce como mil sementes,
Toca a vida do brincante
E em menos de um instante
Somos todos diferentes.

Pode ser bem paradinha
Ou gerando suadeira,
Em lugar grande ou pequeno,
Mas que seja verdadeira.
A vida perde sua graça
Sem poema e brincadeira.

César Obeid. *Brincantes poemas.* São Paulo:
Moderna, 2011. p. 34.

Susan Morisse

BRINCANDO COM O TEXTO

1 Complete as frases.

a) A primeira estrofe tem _____ versos.

b) A segunda estrofe tem _____ versos.

2 O que significa a palavra **brincante**?

_____

3 As primeiras letras de cada verso do poema formam duas palavras. Quais são elas?

_____

4 Segundo o texto, o que é brincadeira?

_____

_____

5 Como pode ser a brincadeira?

_____

_____

_____

_____

6 O que acontece com a vida se não tiver poema e brincadeira?

_____

_____

7 E para você, como ficaria a vida sem poema e sem brincadeira?

_____

_____

_____

8 No caderno, crie um acróstico com as letras de seu nome.

Alfabeto, vogal e consoante

Alfabeto é o conjunto de letras que representa os sons da língua. Nosso alfabeto é formado por 26 letras:

A	B	C	D	E	F	G	H	I	J	K	L	M
N	O	P	Q	R	S	T	U	V	W	X	Y	Z

As **vogais** são 5: A, E, I, O, U. As **consoantes** são 21: B, C, D, F, G, H, J, K, L, M, N, P, Q, R, S, T, V, W, X, Y, Z.

As letras **K**, **W** e **Y** aparecem em abreviaturas, siglas, nomes próprios estrangeiros e em alguns outros casos.

kiwi

Wilson

Yara

Quando escrevemos, usamos letras, isto é, sinais gráficos que formam palavras escritas.

As palavras podem ser escritas com letra inicial **maiúscula** ou **minúscula**.

A letra maiúscula é usada:

- em nomes próprios de pessoas, lugares, animais, títulos etc.;

Exemplos: **M**arcelo, **B**rasil, o gato **M**imi, **C**asas **L**una, **P**io XI.

- no começo de frases.

Exemplos: **A**s borboletas voam. **D**e onde elas vêm?

ATIVIDADES

1 Escreva o nome das imagens em ordem alfabética, ou seja, respeitando a sequência das letras do alfabeto.

_____

_____

_____

2 Escreva o número de letras de cada palavra.

a) corrente

_____

b) dança

_____

c) brinquedo

_____

d) banheira

_____

e) tampa

_____

f) teto

_____

g) fruta

_____

h) ovo

_____

3 Escreva, no quadro, quais são as vogais e quais são as consoantes das palavras a seguir.

	Vogais	Consoantes
a) passarela		
b) jogo		
c) fivela		
d) cama		
e) Isaías		

4 Escreva seu nome:

_____

a) Ele começa com: ☐ vogal. ☐ consoante.

b) Que nome vem antes do seu na lista de chamada? E depois?

_____

_____

5 Reescreva as frases empregando corretamente a letra maiúscula.

a) ela é amiga de daniela.

_____

b) vovó gosta de passar as férias no rio de janeiro.

_____

c) emprestei um lápis para luciana.

_____

d) ana clara mora na austrália.

_____

6 Juntando as sílabas da mesma cor e ordenando-as, você conseguirá formar algumas palavras. Preencha o quadro.

ca	es	sa	ca	bo
la	der	ca	co	ra
dei	to	ne	pa	no

Cor	Palavras		

Poemas

1. Você sabe o que é uma roda de leitura?

Andersastphoto/
Dreamstime.com

Traga para a sala de aula livros de poesia da biblioteca da escola, de casa ou textos impressos da internet. Selecione os poemas que mais chamarem a sua atenção. Depois, siga as orientações do professor para se divertir com a poesia.

ORALIDADE

Declamar poemas

Que tal compartilhar os poemas lidos com os colegas e o professor? Escolha dois deles para declamar.

Serão duas formas de apresentação:

1. Individual – Você declama para a turma.
2. Em grupo – Escolha até quatro colegas para formar um grupo. Em seguida, vocês devem escolher um poema para representar o grupo ou fazer uma apresentação com um trecho de cada poema.

Marcos Machado

 **TEXTO 2**

Você conhece o menino Armandinho e seu pai?
Leia a tirinha a seguir.

Alexandre Beck. *Armandinho.*

 **BRINCANDO COM O TEXTO**

1 Qual é o nome da brincadeira apresentada na tirinha?

_____

2 Por que Armandinho acha que o pai não pode atender à ligação?

_____

_____

3 Por que o último quadrinho pode surpreender quem lê a tirinha?

_____

_____

_____

_____

4 Se você estivesse no lugar do Armandinho, você se comportaria da mesma maneira? Por quê?

_____

_____

5 Observe a lista de brinquedos e brincadeiras que uma professora apresentou à sua turma.

Lista de brinquedos e brincadeiras populares no Brasil

1. amarelinha
2. gato mia
3. queimada
4. bola de gude
5. forca
6. jogo da velha
7. pé de lata

8. ioiô
9. joão-bobo
10. carrinho de rolimã
11. labirinto
12. esconde-esconde
13. pipa
14. dominó

6 Reescreva a lista acima em ordem alfabética. Acrescente mais dois brinquedos e/ou brincadeiras conhecidas por você.

Lista

Encontro vocálico

São três os encontros vocálicos: **hiato**, **ditongo** e **tritongo**.
Observe as palavras **piano** e **canoa**.

pi-**a**-no   ca-n**o**-**a**

> **Hiato** é o encontro de duas **vogais** na mesma palavra e com a mesma força. Elas ficam em sílabas diferentes.

Agora, observe as palavras: p**ei**-xe e g**ua**-ra-ná.

> **Ditongo** é o encontro de uma vogal e uma semivogal, ou vice-versa, em uma palavra. Elas ficam na mesma sílaba.

O ditongo pode ser crescente ou decrescente; oral ou nasal.

O **ditongo crescente** ocorre quando, na sílaba, a semivogal vem antes da vogal. Exemplo: a-q**ua**-re-la.

O **ditongo decrescente** ocorre quando, na sílaba, a vogal vem antes da semivogal. Exemplo: tro-f**éu**.

Para saber se o ditongo é **oral** ou **nasal**, verificamos se a vogal é pronunciada pela boca (exemplos: g**ai**-ta, c**au**-da, b**ei**-ra) ou pelo nariz (exemplos: gr**ão**s, c**ãe**s, m**ui**to).

Agora, observe a palavra: i-g**uai**s. Nela, há o encontro entre **u**, **a** e **i**, e as três estão juntas na mesma sílaba. Esse encontro chama-se **tritongo**.

> **Tritongo** é o encontro entre uma **semivogal**, uma **vogal** e outra **semivogal** na mesma sílaba.

1 Escreva o nome das imagens e destaque os ditongos.

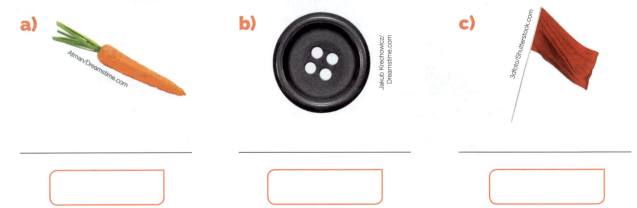

a)

Atman/Dreamstime.com

b)

Jakub Krechowicz/
Dreamstime.com

c)

3dfoto/Shutterstock.com

_____   _____   _____

2 Circule os hiatos das palavras abaixo.

a) aviador   **c)** piaba   **e)** coroa   **g)** luar

b) viola   **d)** cadeado   **f)** navio   **h)** moela

3 Copie as palavras substituindo os símbolos pelos ditongos.

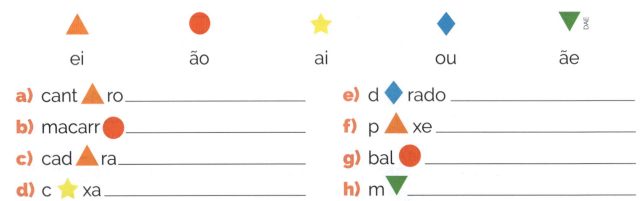

ei   ão   ai   ou   ãe

DAE

a) cant ▲ ro_____   **e)** d ♦ rado_____

b) macarr ● _____   **f)** p ▲ xe_____

c) cad ▲ ra_____   **g)** bal ● _____

d) c ★ xa_____   **h)** m ▼ _____

4 Circule os tritongos das palavras abaixo.

a) iguais   **g)** quaisquer

b) enxaguou   **h)** averiguou

c) Uruguai   **i)** aguou

d) averiguei   **j)** Paraguai

e) quais   **k)** saguão

f) enxaguei   **l)** quão

5 Escreva as palavras no quadro de acordo com as indicações.

a) dourado e) piada i) heroína

b) moeda   f) saguão j) guaipé

c) iguais   g) saúde   k) besouro

d) rei   h) madeira l) quais

Ditongo	Tritongo	Hiato

6 Leia as palavras e observe a separação delas em sílabas. Depois, circule os encontros vocálicos e classifique-os em hiato, ditongo ou tritongo.

a) moer mo-er _____

b) gênio gê-nio _____

c) minguou min-guou _____

d) pônei pô-nei _____

e) canoa ca-no-a _____

7 Encontre nomes próprios femininos que apresentem hiato e pinte os quadradinhos.

L	V	I	Z	I	H	D	E	S	L	U	C	I	A	N	A
R	M	V	Q	L	W	C	I	P	N	B	R	J	C	N	A
D	Y	T	L	Ç	B	F	V	I	V	I	A	N	E	P	Z
W	P	Ç	T	D	A	N	I	E	L	A	N	T	M	C	Q
L	O	D	I	P	K	M	A	R	I	A	N	A	I	B	W
M	Z	Y	E	L	I	A	N	A	M	Q	E	M	J	R	G

 **BRINCANDO**

1 Siga o emaranhado e descubra a brincadeira preferida de cada criança.

a)

b)

c)

d)

1

2

3

4

Ilustrações: Claudia Marianno

 **TEXTO 1**

Com base no título do texto, o que você acha que vai ler?
Leia, a seguir, o trecho de um livro.

Que cabelo é esse, Bela?

[...]
– Bela, sua cabeça está brilhando! – alguém gritou.
– É mesmo! E muito! – outro completou.
– Verdade? Não estou vendo brilho nenhum – falou Bela.
[...]
– Divide com a gente?
– Dividir como? – Bela interrogou.
– Sei lá. Passando a mão na sua cabeça, depois na nossa.
– Não. Melhor sacudir bem o cabelo.
– Vou fazer dos dois jeitos, ok? – Bela sugeriu.
– Oba! – todos vibraram.
– Mas quem quiser brilho, vai ter que correr para pegar! – Bela disparou.
[...]
– Chuva de brilho!!!
[...]
De repente, um vizinho, um garoto um pouco mais velho, veio em sua direção e perguntou:
– O que é isso na sua cabeça?
[...]
– Não tem nada na minha cabeça.

O garoto deu uma gargalhada e falou debochando:

– Não mesmo? Corre, garota, e se olha no espelho!

Bela [...] saiu em disparada. [...] Acabou parando na porta do salão de beleza que tinha na sua rua. Foi lá que conseguiu respirar e se ver.

– [...] Está tudo normal. Acho que ele estava falando do meu brilho – disse a si mesma olhando-se no espelho.

Até assustar-se novamente com a [...] assistente de cabeleireira, que saiu do salão perguntando:

– Que cabelo é esse, Bela?

A menina não respondeu. Passou a mão sobre os cabelos removendo todo o brilho [...], entrou na vila e ficou esperando sua mãe. [...]

– Mãe, não entendo isso. Por que se incomodam tanto com meu brilho?

– Se acalme, meu amor. Me diga o que aconteceu dessa vez.

– Aquele menino, mãe, de novo, implicando comigo. Ai, estou cansada, mãe. Quando não é ele, são aqueles meninos da escola. Hoje até a moça do salão. Isso é muito chato! Por que não posso ser como eu sou?

E assim, atropelando as palavras, foi dizendo o que aconteceu.

[...]

– Então, o que eu devo fazer, mãe?

– Não sei, filha. Talvez seguir sua vontade.

[...]

– Então, mãe... Eu prefiro não ter tanto brilho.

[...]

Mais um dia típico de verão se anunciou.

[...]

O sol ainda não tinha baixado quando as crianças foram aos poucos aparecendo no pátio da vila.

– Daqui a pouco vai chover! – alguém falou.

[...]

– Vem, Bela!

[...]

– Banho de chuva sem você não tem graça.

Ela [...] disse para mãe:

– Mãe, vou voltar a brilhar!

Feliz com a decisão da filha, a mãe [...] repousou os braços sobre a janela e ficou observando aquela alegria [...].

Claudia Marianno

Simone Mota. *Que cabelo é esse, Bela?* Editora do Brasil. São Paulo, 2018. p. 6, 11, 12, 19, 27.

! SAIBA MAIS

Simone Mota é escritora de livros infantis desde 2011. Desde lá, são nove livros publicados, seis deles de uma coleção, e uma poesia na antologia do Prêmio UFF de Literatura, por ter sido finalista.

"Que cabelo é esse?" é uma frase que a autora sempre ouvia, então decidiu transformá-la nessa história.

BRINCANDO COM O TEXTO

1 Você conhece alguma história de alguém que superou implicâncias na escola e passou a aceitar-se como é? Escreva-a a seguir com suas palavras.

_____

_____

_____

_____

_____

_____

_____

_____

2 Em sua opinião, o que era o brilho que surgia no cabelo de Bela durante a chuva?

_____

_____

3 *Que cabelo é esse, Bela?* conta a vida de uma menina brasileira de nossos tempos. Bela poderia ser protagonista de um conto de fadas contemporâneo, diferente dos contos de fadas tradicionais, normalmente situados em tempos passados e protagonizados por jovens mulheres europeias. Converse com os colegas e o professor sobre como seria esse conto de fadas.

4 O texto que conta a história da autora de *Que cabelo é esse, Bela?* é chamado **biografia**, por meio dele, você conhece um pouco sobre a autora do livro. Essa que você leu é resumida. Com a orientação do professor, sente-se com um colega para escrever a biografia resumida dele. Ele irá escrever a sua.

_____

_____

_____

_____

5 Agora escreva a sua autobiografia de forma resumida.

_____

_____

_____

_____

_____

6 Que tal criar um conto de fadas protagonizado por alguém parecido com você?

Era uma vez...

Encontro consonantal

Leia as palavras.

grama

placa

Nas palavras **gr**ama e **pl**aca, há duas consoantes juntas – **gr** e **pl** – com **dois sons** distintos. Temos aí um **encontro consonantal**.

O **encontro consonantal** pode estar na mesma sílaba ou em sílabas **diferentes**.

Exemplos: **tr**a-ço, ca**l-ç**o.

Os encontros consonantais **cr**, **dr**, **fr**, **gr**, **pr**, **tr**, **cl**, **fl**, **gl**, **pl** e **tl** estão na **mesma sílaba**; **por essa razão, não podem ser separados**.

Exemplos: **cl**i-ma, a-**br**a-ço.

Os encontros que podem ser separados estão em sílabas diferentes.

Exemplos: com-pa**c-t**o, mo**g-n**o, su**b-s**o-lo.

ATIVIDADES

1 Releia os três primeiros parágrafos do texto 1 e faça o que se pede.

a) Copie cinco palavras em que há encontro consonantal.

_____

_____

b) Circule o encontro consonantal dessas palavras.

2 Circule os encontros consonantais.

a) prata   e) creme   i) glória   m) padre

b) advogado   f) forte   j) atlas   n) brisa

c) briga   g) primo   k) frade   o) dragão

d) bicicleta   h) plástico   l) clima   p) esperto

3 Procure em jornais, revistas e panfletos palavras com os encontros consonantais abaixo e copie-as.

a) cl _____   e) gr _____

b) fl _____   f) br _____

c) bl _____   g) gl _____

d) cr _____   h) tr _____

4 Escreva o nome das imagens e circule os encontros consonantais.

a)   b)   c)

Andrienko Anastasiya/Shutterstock.com   horiyan/Shutterstock.com   tanaphongpict/Shutterstock.com

_____   _____   _____

 **BRINCANDO COM A CRIATIVIDADE**

Conto de fadas

Planejar

1. Retome o conto de fadas que você escreveu na página 26 revendo as etapas 1, 2 e 3 a seguir, do processo de produção da escrita.

    Etapa 1 – Para quem é o texto?   **Etapa 3** – Produção do texto

    Onde vai circular?   **Etapa 4** – Revisão do texto

    Etapa 2 – Planejamento do texto

Reler e revisar

1. Peça a um colega que revise seu texto de acordo com os seguintes pontos:
   a) uso de letras maiúsculas em palavras iniciais e nomes próprios;
   b) ortografia (palavras escritas corretamente);
   c) pontuação;
   d) concordância nominal e verbal;
   e) estrutura do texto.

   Após a revisão do colega, peça ao professor para revisar o seu texto.

Editar e compartilhar

1. Faça a edição do seu texto, ou seja, reescreva-o em uma folha de papel à parte com as correções, os acréscimos e os cortes sugeridos pelo colega e pelo professor.
2. Ilustre ou insira fotografias, se quiser.
3. Utilize um computador com acesso à internet para digitar e publicar o seu conto de fadas no *blog* da turma.

 **ORALIDADE**

Contação de história – conto de fadas

Tudo pronto! Que tal fazer uma oficina de contação de histórias? Apresente o seu conto de fadas para as crianças menores. Elas irão adorar saber que existem diversos tipos de princesas e príncipes espalhados pelo mundo.

Faça desenhos, use fantoches, mostre fotografias, dramatize... Enfim, use a criatividade para contar sua história do seu jeito!

Marcos Machado

Você conhece algum conto dos irmãos Grimm?

Leia o texto a seguir e conheça mais um.

A ratinha, o pássaro e a salsicha

Certa vez uma ratinha, um pássaro e uma salsicha se associaram. Havia muito tempo moravam como amigos na mesma casa e com isso haviam aumentado seus bens. A tarefa do pássaro era ir à floresta todos os dias buscar lenha.

A da ratinha era carregar água, acender o fogo e pôr a mesa, enquanto a da salsicha era cozinhar.

Quem está bem de vida sempre deseja uma coisa nova.

Um dia o pássaro encontrou um amigo para quem elogiou sua situação confortável. Mas o outro pássaro o repreendeu e chamou-o de coitadinho, que fazia todo o trabalho pesado enquanto os outros dois levavam vida mansa. [...]

Um dia, **instigado** pelo amigo, o pássaro se recusou a ir buscar mais lenha, dizendo que já fora escravo tempo bastante e que os parceiros tinham-no feito de bobo. Precisavam agora fazer mudanças e tentar um novo acordo.

GLOSSÁRIO

Fervoroso: com muita emoção.
Instigado: induzido, convencido.
Súplica: pedido insistente e humilde.
Tacho: vasilha de metal ou barro.

Apesar das **fervorosas súplicas** da ratinha e da salsicha, fizeram a vontade do pássaro. Decidiram tirar a sorte e a salsicha ganhou a tarefa de carregar a lenha. A ratinha se tornou cozinheira e o pássaro passou a ir buscar a água.

Qual foi o resultado?

A salsicha foi à floresta, o pássaro acendeu o fogo, enquanto a ratinha pôs o **tacho** para ferver e esperou sozinha a salsicha chegar em casa trazendo a lenha para o dia seguinte. Mas a salsicha ficou tanto tempo fora que os outros dois suspeitaram que alguma coisa de ruim lhe acontecera, e o pássaro saiu voando para olhar do alto na esperança de encontrá-la. Não muito longe dali ele deparou com um cão que encontrara a pobre salsicha e a atacara como caça legítima, dominara-a e rapidamente a engolira.

[...]

O pássaro apanhou a lenha e voltou triste para casa contando o que vira e ouvira. Ele e a ratinha ficaram muito zangados, mas decididos a fazer o possível para continuar juntos. Então o pássaro pôs a mesa e a ratinha preparou o almoço. Ela tentou cozinhar a comida e, como a salsicha, mergulhou no caldo de legumes para lhe dar sabor. Mas antes de se misturar totalmente no caldo, parou, e nessa tentativa perdeu os pelos, a pele e a vida.

Quando o pássaro voltou e quis servir a refeição, não havia cozinheira à vista. O pássaro agitado atirou a lenha para um lado, chamou e procurou por toda parte, mas não conseguiu encontrar a cozinheira. Então, por descuido seu, a lenha pegou fogo e provocou um incêndio. O pássaro correu a buscar água, mas o balde caiu dentro do poço e o levou junto; ele não conseguiu tomar pé e com isso se afogou.

Clarissa Pinkola Estés. *Contos dos irmãos Grimm*. Rio de Janeiro: Rocco, 2005. p. 281-282.

Larissa Melo

BRINCANDO COM O TEXTO

1 Quem são os personagens do conto?

_____

2 Qual era a tarefa de cada um?

_____

_____

_____

3 O que aconteceu quando o pássaro encontrou um amigo?

_____

_____

4 Qual foi o acordo que os amigos fizeram?

_____

_____

5 O acordo deu certo? Por quê?

_____

_____

_____

6 Explique o que aconteceu com cada personagem.

a) Pássaro: _____

b) Ratinha: _____

c) Salsicha: _____

7 O que você achou do conto?

_____

_____

_____

PESQUISANDO

1 Você conheceu um conto dos irmãos Grimm e sabe um pouco da vida desses autores.

a) Pesquise em livros e na internet outros contos dos irmãos Grimm.

b) Escolha um, escreva o título do conto e relate a história com suas próprias palavras.

c) Faça um desenho para ilustrar seu texto.

_____

_____

_____

_____

_____

_____

_____

_____

_____

_____

_____

2 No dia determinado pelo professor, você e os colegas contarão as histórias pesquisadas para a turma.

Dígrafo

Observe as imagens e as palavras abaixo delas.

Danny Smythe/Dreamstime.com

mi**lh**o

Gerson Gerloff/Pulsar Imagem

pá**ss**aro

Nas palavras mi**lh**o e pá**ss**aro, há duas letras que se juntam para indicar um único som ou fonema: **lh** e **ss**. Temos aí o **dígrafo**. São dígrafos:

ch → chuva	**rr** → barro	**lh** → folha	**ss** → posse	**nh** → lenha
sc → nascer	**gu** → preguiça	**sç** → cresço	**qu** → leque	**xc** → excede

Gu e **qu** só são dígrafos antes das vogais **e** e **i**.

Separamos as letras dos dígrafos **rr**, **ss**, **sc** e **sç**. Não separamos as letras dos dígrafos **nh**, **lh**, **ch**, **gu** e **qu**.

Exemplos:

bar-ro	nas-ci-do	**ch**ei-ro	mas-sa	des-ço	ni-**nh**o

ATIVIDADES

1 Circule os dígrafos das palavras no quadro.

guache	erro	medalha	massa
nascer	chacoalho	chocolate	exceder
sorriso	quadra	osso	arroz

2 Separe as palavras em sílabas e circule os dígrafos.

a) abelha

_____

b) farinha

_____

c) fosso

_____

d) quitanda

_____

e) agulha

_____

f) ferrugem

_____

g) garrafa

_____

h) vassoura

_____

3 Escreva o nome das imagens e circule o dígrafo.

a)

Ismael Tato Rodriguez/Dreamstime.com

_____

b)

Lepas/Dreamstime.com

_____

c)

uragosmaneav/Dreamstime.com

_____

d)

Le-thuy Do/Dreamstime.com

_____

4 Escreva uma frase para cada par de palavras.

a) jarra – passeio

_____

b) chuva – esquilo

_____

c) chuveiro – quente

_____

Conto

Planejar e produzir

1. Ouça com atenção a leitura que o professor fará do conto *A ratinha, o pássaro e a salsicha*, dos irmãos Grimm, páginas 30 e 31.
2. Após a leitura, em dupla, façam um levantamento do que vocês mudariam no texto e por quê.
3. Com o colega, consultem a estrutura desse tipo de texto e façam um planejamento para a produção de um final com um desfecho coerente com o conflito apresentado no texto.
4. Escrevam em conjunto esse novo final.

Reler, revisar e compartilhar

1. Releiam o texto e corrijam o que for necessário.
2. No dia combinado com o professor, façam a leitura do texto e escutem a dos colegas.

ORALIDADE

Produção de texto oral

1. Em dupla, vocês irão assistir a vídeos de instruções de jogos e brincadeiras que o professor irá sugerir. Se vocês souberem de algum canal interessante de vídeos desse tipo, compartilhem com o professor e os colegas.

Ilustrações: Shutterstock/curiosity

2. Você e seu colega devem anotar todas as informações importantes do vídeo e, em seguida, fazer um planejamento para a produção de um vídeo ou de um *podcast* ensinando o conteúdo que vocês aprenderam para outras crianças.

TEXTO 1

Você imagina por que a palavra **medo**, no título do texto abaixo, foi escrita com letra maiúscula?

Leia o texto a seguir.

Sr. Medo

– Mãe, existe lobo em pé?

– O que é lobo em pé, Clara?

– É o lobo que pega a gente. Aquele que comeu a vovó da Chapeuzinho Vermelho.

– Clarinha, esse lobo que comeu a vovó é um lobo inventado, assim como a vovó e a menininha que vestia o chapeuzinho vermelho. Um autor, de quem até hoje ninguém sabe o nome, inventou essa história e as personagens para divertir as crianças. Lobo de verdade é um animal muito bonito. Ele vive nas florestas e montanhas e não está acostumado a viver perto das pessoas, aliás, dizem que ele tem muito medo do homem. Os seus primos, os cachorros, esses sim podem viver pertinho de nós. Muitas vezes eles são tão fiéis aos seus donos, que são chamados de grandes amigos dos homens.

Laerte Silvino

– Mãe, tenho tanto medo de dormir no escuro!

– O que você pensa que há no escuro?

– Fantasmas, vampiros, mula sem cabeça. Tanta coisa que não gosto nem de pensar!

– Clara, dentro do seu pensamento mora um senhor muito esperto chamado Medo. Quando você sente que um vampiro vai aparecer no seu quarto escuro, é porque o Sr. Medo pega a tinta e o pincel e pinta tudo do jeito que você imagina.

[...]

Regina Rennó. *Sr. Medo*. São Paulo: Editora do Brasil, 2005. p. 3-7.

BRINCANDO COM O TEXTO

1 Qual é o título do texto que você acabou de ler?

_____

2 Esse título lhe chamou a atenção? Por quê?

_____

_____

3 Por que Clara chama o lobo de "lobo em pé"?

_____

_____

_____

_____

4 Além da história da Chapeuzinho Vermelho, que Clara cita no texto, duas das histórias a seguir têm um lobo como personagem. Quais?

☐ *Branca de Neve.*   ☐ *O lobo e os sete cabritinhos.*

☐ *Os três porquinhos.*   ☐ *A Bela Adormecida.*

5 Comente com os colegas e o professor o que você conhece dessas histórias.

6 E você, tem medo de algum monstro? Converse com os colegas e o professor.

Emprego de m e n

Observe as palavras abaixo.

carambola

ampulheta

Elas são escritas com **m** porque antes de **b** e **p** usamos **m**. **Antes de outras consoantes**, usamos **n**, como nas palavras:

dança

bengala

No **final das palavras**, geralmente usamos **m**, como em bo**m**, nanqui**m**, també**m**.

ATIVIDADES

1 Complete as palavras com **m** ou **n**.

a) ta __ pa

b) ba __ co

c) vo __ tade

d) pe __ te

e) e __ pada

f) e __ brulho

g) viage __

h) fa __ tasia

i) pa __ deiro

j) u __ bigo

k) ca __ tiga

l) ca __ po

2 Elabore frases com o nome das imagens abaixo.

a)

_____

_____

Joy E Brown/Dreamstime.com

b)

_____

_____

Nikhil Gangavane/Dreamstime.com

c)

_____

_____

MarMada/Dreamstime.com

d)

_____

_____

Uatp1/Dreamstime.com

3 Separe em sílabas as palavras abaixo.

a) bandeira _____   d) sambista _____

b) tromba _____   e) campestre _____

c) lambada _____   f) lencinho _____

4 Junte as sílabas de mesma cor, ordene-as e escreva as palavras que elas formam.

pen	ti	vi	ga	te	men	con	da
lam	ba	to	ão	lom	can	pi	sa

_____

_____

_____

ORTOGRAFIA

Palavras com –oso, –osa, –esa, –eza

1 Preencha o diagrama com as palavras que completam os itens.

1. Ultrapassagem com muito perigo é uma ultrapassagem *.
2. Mamão com muito sabor é um mamão *.
3. Comida com gosto muito bom é uma comida *.
4. Flor com muito cheiro é uma flor *.
5. Filho de muito carinho é um filho *.
6. Cantor de muita fama é um cantor *.

1							
2							
3							
4							
5							
6							

2 Copie as palavras da atividade anterior na coluna correta.

Palavras com -oso	Palavras com -osa

3 Separe as palavras na tabela abaixo conforme a terminação.

duquesa	alteza	mesa	rosa	preciosa
curioso	mentiroso	francesa	moleza	saboroso
malvadeza	grandeza	mimosa	surpresa	maldosa

-esa	-eza	-osa	-oso

Entrevista

Planejar

1. Será que é só a Clarinha do texto lido nas páginas 37 e 38 que sente medo? Claro que não! Todos nós sentimos. E para comprovar isso, você irá realizar uma entrevista cujo tema é **medo**.

2. Defina os questionamentos que serão feitos durante a entrevista:
   - nome;
   - idade;
   - você tem medo? Cite alguns deles;
   - qual é seu maior medo?

Revisar

1. Depois, mostre-os ao professor para que revise.
2. Se necessário, faça as alterações sugeridas pelo professor.

Produzir

1. Realize a entrevista com seus familiares e outros alunos da escola.
2. Utilize um celular para gravar o áudio ou filmar a entrevista.
3. Qual é o medo que mais se repete entre as pessoas entrevistadas pela turma? Siga as orientações do professor e anote no caderno.

Lembre-se de considerar as etapas de produção do texto: pergunte-se para quem é o texto e onde circulará. Depois, faça o planejamento, a produção, a revisão, a edição e o compartilhamento.

ORALIDADE

Exposição oral

Após a entrevista realizada na atividade anterior, reúna as informações adquiridas, o áudio ou o vídeo e compartilhe com a turma a entrevista e seu relato sobre a experiência.

Você conhece o animal citado no título do poema?
Leia o poema a seguir.

Canção para ninar dromedário

Drome, drome
Dromedário

As areias
Do deserto
Sentem sono,
Estou certo.

Drome, drome
Dromedário

Fecha os olhos
O beduíno,
Fecha os olhos,
Está dormindo.

Drome, drome
Dromedário

O frio da noite
Foi-se embora,
Fecha os olhos
Dorme agora.

Drome, drome
Dromedário

Dorme, dorme,
A palmeira,
Dorme, dorme,
A noite inteira.

Drome, drome
Dromedário

Foi-se embora
O cansaço
E você dorme
No meu braço.

Drome, drome
Dromedário

Drome, drome
Dromedário

Drome, drome
Dromedário.

Sérgio Capparelli. *A árvore que dava sorvete.*
Porto Alegre: Projeto, 1999. p. 15.

Claudia Marianno

BRINCANDO COM O TEXTO

1 Procure no dicionário o significado das palavras a seguir.

a) Dromedário: _____

_____

_____

_____

b) Beduíno: _____

_____

_____

_____

2 De acordo com o texto, onde estão o dromedário e o beduíno?

_____

3 Quais são os versos que se repetem no poema? Por que você acha que eles se repetem sequencialmente no fim do poema?

_____

_____

_____

_____

_____

4 Lendo o texto em voz alta, que efeito produz a repetição desses versos?

_____

_____

_____

_____

_____

_____

Número de sílabas

Leia estas palavras bem devagar.

pá   mi-lho   bo-ne-ca   bor-bo-le-ta

Cada parte que compõe uma palavra chama-se **sílaba**.
Conforme o número de sílabas, as palavras classificam-se em:

- **monossílabas** – palavras com uma sílaba só, como **pá**;
- **dissílabas** – palavras com duas sílabas, como **milho**;
- **trissílabas** – palavras com três sílabas, como **boneca**;
- **polissílabas** – palavras com mais de três sílabas, como **borboleta**.

ATIVIDADES

1 Classifique as palavras de acordo com o número de sílabas.

arrepio	esconder	ver	fora
furioso	medo	aumentar	ameaçar
vir	dentro	medonho	ou

Monossílabas	Dissílabas	Trissílabas	Polissílabas

2 Separe as palavras abaixo em sílabas. Depois, circule-as de acordo com a legenda.

Monossílabas.   Dissílabas.   Trissílabas.   Polissílabas.

a) sapo _____

b) gasolina _____

c) fé _____

d) bolo _____

e) tesouro _____

f) curiosa _____

g) urso _____

h) boi _____

3 Volte ao texto da página 43 e encontre exemplos de palavras:

a) monossílabas – _____

_____

b) dissílabas – _____

_____

c) trissílabas – _____

_____

d) polissílabas – _____

_____

4 Leia as palavras e preencha a tabela com as informações sobre cada uma.

| casaco | besouro | cama | hipopótamo | luz |

Palavra	Letras	Sílabas

Poema

Planejar e produzir

1. Faça a leitura do poema que o professor irá lhe entregar.
2. Em grupo, relembrem o significado de **verso** e de **estrofe** em um poema. Se precisar, façam uma pesquisa.
3. Percebam as rimas do poema.
4. Analisem o poema de acordo com o roteiro:
   a) Quais são os recursos poéticos utilizados?
   b) Quais são as rimas apresentadas no poema?
   c) Existe a repetição consecutiva de sons parecidos? Identifique-os.

Compartilhar

1. Escolham um poema para musicalizar ou ler em forma de jogral.
2. Apresente a leitura para a turma.

ORALIDADE

Debate

Siga as orientações do professor para a realização de um debate. Para facilitar a organização, leia a seguir a estrutura para o desenvolvimento de um debate.

Introdução – O mediador apresenta aos participantes o tema que será debatido.

Exposição inicial – Apresentação do ponto de vista acerca do tema.

Discussão – Os participantes argumentam defendendo suas opiniões.

Conclusão – Cada participante faz um resumo de sua opinião.

1 Coloque as letras em ordem e descubra o nome de um poema bastante famoso de Vinicius de Moraes.

Bruna Ishihara

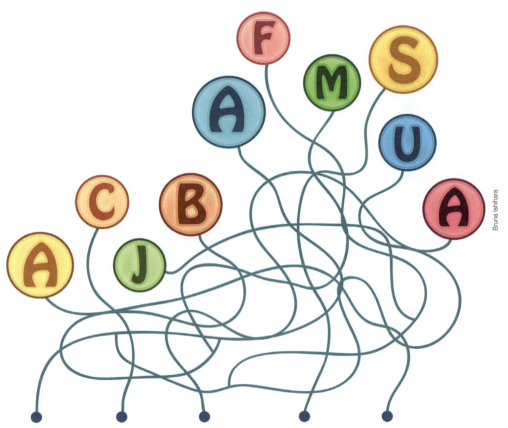

Bruna Ishihara

_____   _____ _____ _____ _____

TEXTO 1

Você conhece o texto abaixo?

Leia as instruções para jogar o "jogo da onça".

Jogo da onça

Material:

- tabuleiro do jogo;
- Quatorze peças que representam os cachorros e uma que representa a onça.

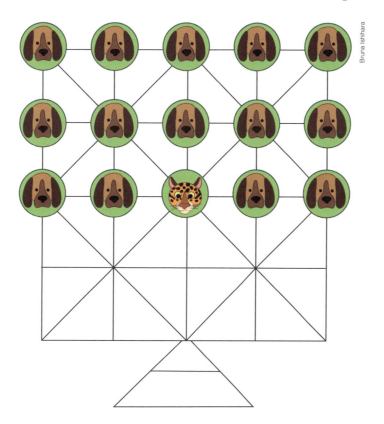

Bruna Ishihara

Preparação

Arrume o tabuleiro e distribua as peças dos cachorros e da onça conforme a imagem da página anterior.

O triângulo localizado na parte debaixo do tabuleiro representa a toca da onça.

Jogadores: Dois (um ficará com os cachorros e o outro com a onça).

Objetivo

Da onça – capturar cinco cachorros.

Do cachorro – cercar a onça e deixá-la sem movimento. O cachorro não captura a onça, só a imobiliza.

Como jogar

Jogador (onça) – Inicie a partida. Mova sua peça para qualquer casa próxima que esteja vazia.

Jogador (cachorros) – Após a jogada da onça, mova sua peça para uma casa vazia ao seu redor.

> **Atenção:** As peças podem ser movidas para qualquer direção.

Jogador (onça) – Tome cuidado para não entrar na toca, pois será mais fácil ela ser encurralada pelos cachorros. Salte sobre o cachorro para uma casa vazia à frente dele a fim de capturá-lo. Retire a peça capturada do tabuleiro e ponha perto de você. Assim como o jogo de damas, este jogo permite que a onça capture vários cachorros em uma mesma jogada. Ela pode se mover em qualquer sentido.

Jogador (cachorros) – Crie estratégias para perseguir e imobilizar a onça.

Ganha o jogador que conseguir alcançar seu objetivo primeiro.

Regras do jogo descritas pelos organizadores.

BRINCANDO COM O TEXTO

1 Qual é o nome do jogo? _____

2 Você já conhecia esse jogo? _____

3 Pesquise sobre a origem do jogo e escreva abaixo.

_____

_____

4 Qual é o nome dado ao triângulo do tabuleiro?

_____

5 Quantos jogadores têm em uma partida?

_____

6 Qual é o objetivo do jogo?

_____

_____

_____

7 De acordo com as regras do jogo, a toca é um lugar seguro para a onça?

_____

_____

_____

8 Assinale **V** (verdadeiro) ou **F** (falso) nas alternativas abaixo.

☐ A onça salta sobre o cachorro para uma casa vazia.

☐ A captura da onça ocorre quando o cachorro salta sobre ela.

☐ O objetivo da onça é imobilizar o cachorro.

☐ O objetivo do cachorro é impedir que a onça se mova.

☐ Para ganhar o jogo, o jogador com a onça deve capturar todos os cachorros.

9 Converse com seus familiares sobre os jogos e as brincadeiras de que eles gostavam na infância. Escolha um jogo e escreva o nome e as regras dele abaixo.

_____

_____

_____

_____

Posição da sílaba tônica

Leia o nome de cada imagem.

vio**lão**   contra**bai**xo   **cí**tara

> Nas palavras com mais de uma sílaba, uma delas tem a pronúncia mais forte. É a **sílaba tônica**.

Na língua portuguesa, a sílaba tônica é uma das três últimas sílabas da palavra.

Observe a palavra **apartamento** separada em sílabas.

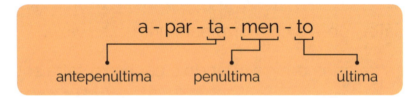

a - par - ta - men - to

antepenúltima   penúltima   última

Quanto à posição da sílaba tônica, as palavras classificam-se em:

- **Oxítonas** - a sílaba tônica é a última. Exemplos: he**rói**, ca**qui**, carna**val**.
- **Paroxítonas** – a sílaba tônica é a penúltima. Exemplos: **an**jo, bi**quí**ni, **á**gua.
- **Proparoxítonas** – a sílaba tônica é a antepenúltima. Exemplos: fe**nô**meno, **sá**bado, **sí**laba.

Em algumas palavras a sílaba tônica é marcada por um acento gráfico **agudo** (´) ou **circunflexo** (ˆ). Observe:

ca**fé**	**tá**xi	**ló**gica	**ô**nibus
têxtil	vo**cê**	**lâm**pada	**á**gua

Todas as palavras proparoxítonas recebem acento gráfico, que pode ser agudo (´) ou circunflexo (ˆ).

1 Coloque o acento circunflexo (ˆ) onde for necessário.

a) Seu Candido é avo de Monica.

b) Tania gosta de volei.

c) O bebe adora olhar a lampada do abajur.

d) O tenis voou na cobrança do penalti.

2 Pinte a sílaba tônica de cada palavra a seguir.

a) di-nhei-ro

b) co-bra

c) te-sou-ra

d) po-te

e) ó-cu-los

f) ba-tom

g) pe-zi-nho

h) ci-ên-cia

3 Siga o modelo.

fósforo ⟶ fós-fo-ro ⟶ proparoxítona

a) também ⟶ _____ ⟶ _____

b) lápis ⟶ _____ ⟶ _____

c) camomila ⟶ _____ ⟶ _____

d) hipopótamo ⟶ _____ ⟶ _____

e) véspera ⟶ _____ ⟶ _____

f) capim ⟶ _____ ⟶ _____

4 Destaque do texto das páginas 49 e 50 três palavras acentuadas graficamente e forme uma frase com elas.

_____

_____

_____

_____

5 Classifique as palavras abaixo quanto ao número de sílabas e à posição da sílaba tônica.

a) camarão _____

_____

b) trânsito _____

_____

c) papel _____

_____

d) quilômetro _____

_____

e) colega _____

_____

f) caranguejo _____

_____

6 Destaque do texto das páginas 49 e 50:

a) duas palavras oxítonas não acentuadas graficamente;

_____

b) uma palavra paroxítona acentuada graficamente;

_____

c) três palavras paroxítonas não acentuadas graficamente.

_____

7 Acentue as palavras a seguir quando for necessário.

a) animal

b) apos

c) saci

d) cracha

e) amendoim

f) armazem

g) angu

h) tomada

i) jilo

j) farol

k) piramide

l) album

m) bombeiro

n) telefone

o) cha

p) croche

Texto instrucional

1. Assim como as regras de jogo, a receita culinária também é um texto instrucional, ou seja, tem a função de instruir. Pesquise receitas que aproveitem partes de alimentos que geralmente são descartados, como cascas de laranja ou banana.

2. Utilize o roteiro abaixo para analisar a estrutura da receita culinária escolhida.
   - Tem um título?
   - O título está de acordo com o alimento a ser feito?
   - Há uma lista de ingredientes?
   - É indicada a quantidade de cada ingrediente?
   - Aparecem os subtítulos **Ingredientes** e **Modo de preparo** (ou **Como fazer**, **Modo de fazer**, respectivamente)?
   - Os verbos estão no imperativo ou infinitivo?
   - Tem imagem?
   - A imagem está de acordo com a receita?

Produção de texto oral

Grave um vídeo explicando o passo a passo da receita pesquisada.

1. Em uma folha à parte, responda às questões abaixo.
   a) Qual é a finalidade do texto?
   b) Para quem você irá falar?
   c) Onde seu vídeo irá circular?

2. Planeje o tempo da apresentação e as informações necessárias ao entendimento do texto.

3. Depois de gravar o vídeo, assista-o e confira se precisa ser editado. Verifique a expressão corporal, a entonação da voz, o ritmo etc.

> **Atenção:** se houver necessidade de utilizar fogo e/ou objetos cortantes, peça ajuda a um adulto.

4. Siga as orientações do professor para compartilhar o vídeo que você produziu.

1 Leia o verbete de dicionário a seguir.

> **Entretenimento (en.tre.te.ni.*men*.to)**
> **sm.**
> **1.** Ação ou resultado de entreter(-se)
> **2.** Aquilo que entretém, distrai; DIVERSÃO; DIVERTIMENTO; RECREAÇÃO: *Seu entretenimento era o xadrez*
> [F.: Do esp. *entretenimiento.*]

Entretenimento. *In*: Dicionário Aulete Digital. [*S. l.*], [20--?]. Disponível em: http://www.aulete.com.br/entretenimento. Acesso em: jun. 2020.

2 Agora, busque no diagrama abaixo definições para o verbete **entretenimento**. Pinte-as.

Z	A	F	O	L	Ã	R	A	P	I	U	C	H	Z	A	F
L	U	K	R	P	D	I	U	T	W	Q	B	I	L	U	K
O	T	Z	Z	N	I	O	T	H	R	C	Q	L	O	T	Z
T	G	W	I	T	V	R	G	E	E	X	U	A	T	G	W
C	N	B	N	R	E	K	N	L	C	G	I	O	C	N	B
D	H	C	H	V	R	I	H	F	R	H	N	R	D	H	C
Z	A	F	O	L	S	R	A	P	E	Ç	C	H	Z	A	F
L	U	K	R	P	Ã	I	U	T	A	Q	B	I	L	U	K
X	Z	N	I	M	O	L	Z	O	Ç	O	H	L	X	Z	N
D	I	I	V	E	R	T	I	M	Ã	N	T	O	D	I	I
T	G	W	I	T	E	R	G	E	O	X	U	A	T	G	W
C	N	B	N	R	R	K	N	L	T	G	I	O	C	N	B
X	D	I	V	E	R	T	I	M	E	N	T	O	D	I	I
Z	A	F	O	L	Ã	R	A	P	I	U	C	H	Z	A	F

Com base no título do texto abaixo, sobre o que você acha que ele vai tratar? Leia o texto a seguir.

Confusão à vista

Era uma latinha redonda, dourada, bem antiga. Na tampa, via-se a figura de uma menina. Sentada num balanço, cercada de flores, a menina sorria. Parecia uma menina de há muito tempo. Jaime quis saber de quando. A mãe dele não explicou direito. Só disse:

– Sei lá... essa latinha? Era de minha bisavó. Pode pegar, mas não perca. Nem leve por aí.

– Servia para quê?

– Acho que para guardar botões, alfinetes, essas coisas pequenas.

Jaime tinha a impressão de que a menina da lata sorria para ele. E de que a mãe devia estar enganada. A latinha levava jeito de ter guardado segredos. [...]

Uma bomba no quintal

[...] Há muito tempo, a latinha dourada tinha vontade de conhecer a casa, as pessoas, fazer amizade com outras latinhas. Mas não queria ir para as mãos dos meninos, nem da *Gangue do outro lado*, nem da *Galera daqui*.

Laerte Silvino

Na copa, como era bem-educada, Elizabeth (a latinha dourada) foi logo se apresentando:

– Meu nome é Elizabeth, mas podem me chamar de Betti ou de Betinha.

Uma latinha vermelha, bem moderna, que não tinha nome assim, ficou com inveja. E, se aproximando de Betti, inventou um nome na hora:

– Sou Red, me chamo Red *Diet*, ouviu falar?

Não, Betti não tinha a menor ideia. Nem sabia o que era *Diet*. Red explicou:

– *Diet* é dieta. Dieta em inglês. Eu sou *diet*, não tenho açúcar.

– Você é inglês?

– Não. É que se fala assim.

Betti sentia-se mesmo encantada com as novidades. Red tinha um jeito simpático, tanto que Betti contou:

– Estou escondida. Não fale para ninguém que me viu. A meninada, lá fora, quer me conhecer. Tenho medo.

– Eu ajudo. Meus companheiros são muitos. Olha quantos. Red mostrou todas as outras latinhas de refrigerantes empilhadas num canto da copa. E explicou:

– Acho que nem vamos para a geladeira. A festa já está no fim. Vamos para o armário.

– E latinha vazia?

– Ah, isso varia muito.

As outras latinhas, que ouviam a conversa, concordavam.

Uma delas comentou:

– O pior é ir direto para lixo misturado. Bom quando separam: latinhas vazias de um lado, papel de outro, vidro mais adiante, resto de comida no canto dele.

Outra latinha, uma verde, parecia entendida. Ela disse:

– Lixo separado pode ser reciclado. Por mim, quero virar carrinho, será que pode?

Betti olhava para uma latinha, para outra, sem entender nada. Como é que lata ia virar carrinho? E inventavam cada palavra...

Reciclar. O que seria isso?

A latinha verde explicou:

– É pegar e fazer de novo, aproveitar outra vez. Espera aí, de onde você vem? É marciana?

[...]

Julieta de Godoy Ladeira. *As latinhas também amam: um romance a favor da reciclagem.*
São Paulo: Atual, 1994. p. 15-17.

BRINCANDO COM O TEXTO

1 Como era a primeira latinha que aparece no texto? E o que estava desenhado em sua tampa?

_____

_____

_____

2 A menina da tampa da latinha estava:

☐ sorrindo.

☐ chorando.

3 Qual era o nome da latinha dourada? E o que ela tinha vontade de fazer?

_____

_____

_____

4 Quem ela encontrou pelo caminho? Tinha nome? Qual?

_____

_____

5 Sobre o que as latinhas estavam conversando?

_____

_____

6 O que a latinha verde respondeu?

_____

_____

7 O que é reciclar, segundo o texto?

_____

_____

8 Pinte as lixeiras de coleta seletiva abaixo com a cor correspondente a cada uma. Depois, ligue cada tipo de lixo à lixeira correta.

 papel   metal   vidro  plástico   orgânico

a) vidro

choness/iStockphoto.com

b) metal

Fotofermer/Shutterstock.com

c) papel

Krasowit/Shutterstock.com

d) plástico

Richard Thomas/Dreamstime.com

e) Orgânico

Ilustrações: Marlon Tenório

Petr Malyshev/Shutterstock.com

Til, cedilha e hífen

Leia o nome das imagens.

pião

ma**çã**

Na palavra **pião**, há um sinal sobre a vogal **a** para dar a ela um som nasal. Esse sinal chama-se **til** (~).

Na palavra **maçã**, há um sinal embaixo do **c** para ele ganhar o som de **ss**. Esse sinal chama-se **cedilha** (¸).

Agora, leia estas frases.

> Só se coloca a cedilha antes de **a**, **o** e **u**: **paçoca**, **caça**, **caçula**.
> Não se usa cedilha antes de **i** e de **e** nem no começo das palavras: **cenoura**, **cinto**, **acento**.

Aninha comeu **couve-flor**. Júlio trouxe o **guarda-chuva**.

Ligando as duas palavras que formam a palavra composta **couve-flor** e as duas palavras que formam **guarda-chuva**, há um sinal chamado **hífen** (-).

O hífen, ou traço de união, é usado para:

- separar as sílabas, como **ca-va-lo**;
- ligar as palavras compostas, como **tico-tico**;
- ligar o pronome ao verbo, como **peço-lhe**.

1 Reescreva as frases no caderno e coloque o til (~) quando necessário.

a) O botao da blusa de Joao caiu.

b) Tiao nao gosta de melao.

c) No café da manha, comi pao e mamao.

d) Minha irma é fa daquela banda.

2 Reescreva as frases no caderno e coloque a cedilha (¸) corretamente.

a) Maurício tomou suco de acaí.

b) As criancas brincaram na praca.

c) Celina se esqueceu de colocar acúcar no suco.

d) Às tercas, Sofia tem aula de danca.

e) O palhaco é muito engracado.

3 Complete as palavras com **c** e coloque a cedilha (¸) quando necessário.

a) dan ___ a

b) re ___ eita

c) pre ___ o

d) ___ ebola

e) ___ imento

f) va ___ ina ___ ão

g) vo ___ ê

h) do ___ ura

i) abra ___ o

j) ___ esta

k) engra ___ ado

l) mor ___ ego

m) te ___ ido

n) po ___ a

o) mas ___ ote

4 Coloque o hífen (-) no lugar certo.

a) Ângela comprou um lindo guarda chuva.

b) O micro ondas é muito útil no dia a dia.

c) Quando viajar, mande me notícias.

d) O pau brasil e o ipê amarelo são árvores nativas do Brasil.

e) Serviram me arroz doce.

f) A onça pintada, o tatu bola e o boto cor de rosa são espécies ameaça-das de extinção.

Uso de telefones celulares

Os telefones celulares, que inicialmente eram grandes e serviam exclusivamente para fazer e receber ligações, com o passar do tempo ganharam novos recursos.

Veja como eles evoluíram ao longo dos anos:

Entre os telefones celulares atuais estão os chamados *smartphones*. Essa palavra vem do inglês e significa "telefone inteligente". Por meio deles é possível realizar diversas ações.

1 Assinale o que é possível fazer por meio de um *smartphone*.

☐ Enviar e receber mensagens.   ☐ Conversar com os amigos.

☐ Ler notícias.   ☐ Fazer pesquisas.

☐ Fazer compras.   ☐ Pagar contas.

☐ Ler e enviar *e-mails*.   ☐ Assistir a vídeos.

☐ Escutar músicas.   ☐ Tirar fotografias.

2 Além dos usos mostrados na atividade anterior, há algum outro que você conhece? Qual?

3 Você acredita que o uso dos telefones celulares contribui para ajudar as pessoas no dia a dia? Converse com os colegas e o professor a respeito disso.

BRINCANDO COM A CRIATIVIDADE

Gráfico, infográfico, tabela, boxe informativo

1. Em grupo, leia a reportagem de divulgação científica que o professor apresentará.

2. Em seguida, siga as orientações do professor para realizar a atividade de acordo com o grupo a que você pertence (gráfico, infográfico, tabela, boxe informativo).

3. Ao final, responda: qual é a função das imagens (gráficos, tabelas, boxes informativos, infográficos) em textos de divulgação científica?

4. Escreva, nas linhas abaixo, um resumo sobre o que entendeu sobre a importância do texto.

_____

_____

_____

_____

_____

_____

_____

5. Compartilhe a descoberta com os colegas.

ORALIDADE

Reconto oral

Você gosta de ouvir histórias? E de contar?

Nesta atividade você ouvirá uma história bem divertida. Depois, irá recontá-la aos colegas e ao professor. Escute as instruções que serão ditas pelo professor.

Irene Abdou/ Alamy/ Fotoarena

 **TEXTO 1**

Você conhece alguma lenda indígena?
Leia o texto a seguir.

A vida do ser humano – lenda bororo

Certo dia, na floresta, o **tori** e o **koddo** discutiam qual dos dois mais se assemelhava à vida do homem sobre a Terra.

Disse o tori:

– A vida do homem deve ser semelhante à minha. Terá uma vida longa como a minha.

Ao que retrucou o koddo:

– Não, a vida do homem deve ser como a minha. Eu morro, mas volto logo à vida.

Tori tornou a dizer:

– Não pode ser assim. Eu não me dobro ao soprar dos ventos ou à força das chuvas e o calor não me prejudica. A minha vida é longa, não tem fim, nem dor, nem preocupação.

Koddo então falou:

Larissa Melo

– A vida do homem não é como a sua. É como a minha que há de ser a vida do homem. Infelizmente morrerei, mas vou ressurgir nos meus filhos.

Observe, tori, ao meu redor. Veja como meus filhos e o homem têm a pele macia.

Tori não soube responder e, zangado, foi embora.

Assim, para os bororo, a vida do homem é semelhante à do koddo.

Antoracy Tortolero Araujo. A vida do ser humano – lenda bororo. *Lendas indígenas.* São Paulo: Editora do Brasil, 2014. p. 55.

GLOSSÁRIO

Bororo: povo indígena que habita o estado de Mato Grosso.

Koddo: taquara (tipo de planta com caule oco, como o bambu).

Tori: pedra.

BRINCANDO COM O TEXTO

1 Quem são os personagens que conversam na história?

_____

2 Qual é o assunto da conversa dos personagens? Copie o trecho em que isso aparece de forma evidente.

_____

_____

_____

3 Como é estruturada essa conversa?

☐ Em perguntas e respostas.

☐ Em observações e comparações.

4 Quais características o primeiro personagem que aparece diz ter?

_____

_____

_____

_____

5 Quais características o segundo personagem que aparece diz ter?

_____

_____

_____

6 Qual personagem fica zangado? Por quê?

_____

_____

_____

7 Segundo o texto, com qual vida a dos indígenas bororos é mais parecida?

_____

8 Você concorda com a conclusão do texto? Por quê?

_____

_____

_____

9 Todos nós temos algo em comum com os diversos elementos da natureza.

a) Escolha três elementos com os quais você acredita ter algo em comum. Pode ser animal, vegetal ou mineral (como o tori).

_____

_____

_____

b) Descreva brevemente esses elementos e cite o que você tem em co-mum com eles.

_____

_____

_____

_____

Ponto final, ponto de interrogação e ponto de exclamação

Leia a frase a seguir.

O gato entrou na caixa.

> O **ponto final** indica o fim de uma frase declarativa. Nas frases declarativas, podemos afirmar ou negar algo.

Repare no ponto ao fim da frase. É o **ponto final**.

O que Laura está preparando**?**

Este sinal (**?**) no fim da frase é o **ponto de interrogação**.

> O **ponto de interrogação** indica uma pergunta direta.

Que delícia**!**

> O **ponto de exclamação** indica alegria, tristeza, surpresa, espanto.

Este sinal (**!**) no fim da frase chama-se **ponto de exclamação**.

Não esqueça: A pontuação do texto indica pausa e entonações diferentes em uma leitura.

ATIVIDADES

1 Complete a fala dos balões abaixo com a pontuação adequada ao texto, que poderá ser: ponto final (.), ponto de exclamação (!) ou ponto de interrogação (?).

a)
> DISSERAM QUE JOSÉ
> PASSOU A NOITE VIAJANDO

d)
> AONDE VOCÊ
> VAI AMANHÃ

b)
> AI QUE PANCADA
> EU TOMEI

e)
> TEM CERTEZA
> DESTA RESPOSTA

c)
> O CÃO É UM ANIMAL
> DOMÉSTICO

f)
> ATENÇÃO

2 Transforme as frases abaixo em frases exclamativas usando a palavra **como** e o ponto de exclamação (!). Veja o modelo:

> A noite está fria.
> Como a noite está fria!

a) Papai e mamãe estão satisfeitos.

_____

b) Essa garota é elegante.

_____

c) Esta história é legal.

_____

d) O suco de maracujá está delicioso.

_____

e) A meninada está silenciosa.

_____

3 Escreva uma frase interrogativa para cada conjunto de palavras.

a) doce – suco – laranja

_____

b) João – cancioneiro – legal

_____

c) carro – garagem – Maurício

_____

d) sala – aula – quente

_____

e) capital – Brasil – Brasília

_____

4 Transforme as frases declarativas abaixo em frases interrogativas usando o ponto de interrogação (?). Observe:

> Eu gosto de sorvete.
> Você gosta de sorvete?

a) Luís andou a cavalo.

_____

b) Eu joguei vôlei ontem.

_____

c) Isabela foi ao cinema.

_____

d) Nós pintamos a casa.

_____

e) Prefiro o campo à cidade.

_____

f) Os alunos terminaram a tarefa.

_____

5 Observe as imagens e faça uma pergunta para cada resposta abaixo.

a) Cineasta.

_____

_____

_____

b) De madeira.

_____

_____

_____

c) Oito.

_____

_____

_____

6 Imagine-se entrevistando um dos personagens do Texto 1. Lembre-se: uma entrevista é feita de perguntas e respostas e, muitas vezes, revela emoções do entrevistado. Escreva aqui como ela seria.

_____

_____

_____

_____

_____

_____

_____

_____

_____

Marco Govel/ Shutterstock.com

Briancweed/ Dreamstime.com

Africa Studio/ Shutterstock.com

M ou n antes de consoante

1 Copie as palavras no local adequado do quadro abaixo substituindo o símbolo por **m** ou **n**.

a) co ★ primido   **c)** sa ★ bista   **e)** i ★ veja

b) co ★ pleto   **d)** i ★ capaz   **f)** pe ★ same ★ to

m	n

2 Complete com **m** ou **n**.

a) e ___ pada   **d)** ba ___ bu   **g)** e ___ brulho

b) bri ___ quedo   **e)** ba ___ co   **h)** a ___ tena

c) bo ___ ba   **f)** te ___ po   **i)** ca ___ painha

3 Ligue a palavra à letra que a completa corretamente.

lara ___ ja   a ___ bulância

ca ___ peão   **M**   ca ___ ção

pa ___ da   **N**   co ___ putador

4 Escreva nos quadrados o nome das imagens.

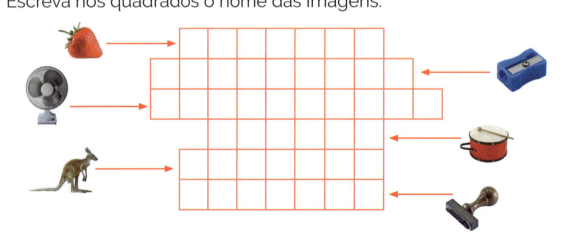

Sharpshot/Dreamstime.com / Le-thuy Do/Dreamstime.com / Anankkml/Dreamstime.com

Elena Schweitzer/Dreamstime.com / Jose Manuel Gelpi Diaz/ Dreamstime.com / SakisPagonas/Dreamstime.com

Verbete

Planejar

1. Em grupo, preparem-se para produzir um verbete. Iniciem pensando sobre as características do gênero verbete.

- O que são verbetes?
- Como são?
- Quem produz?
- Para quem?
- Qual a finalidade?

2. Analisem as diferentes características existentes entre os verbetes de acordo com o meio de circulação: meio físico ou digital.

3. Definam a situação comunicativa.

- Qual será a função social da escrita do verbete?
- Quem é o público-alvo, ou seja, quem vai ler o verbete?
- Em que lugares o verbete irá circular?
- Qual será o suporte utilizado?

4. Pesquisem em fontes confiáveis.

Produzir

1. Em grupo, definam o tema, os textos e os vídeos que serão consultados; em seguida, escolham as informações para a formação de uma tabela de planejamento.

2. Escrevam os verbetes com base nessa tabela.

Reler e revisar

1. Releiam o texto para corrigir o que estiver errado. O professor também pode ajudar na revisão e fazer sugestões de melhoria.

2. Façam os ajustes indicados pelo professor e o que mais julgarem necessário.

Compartilhar

1. Compartilhem o verbete conforme combinado.

História em quadrinhos

1 Leia a história em quadrinhos abaixo.

Jean Galvão.

Agora, conte a história para um colega sem mostrar a imagem. Não se esqueça que ela precisa ter início, meio e fim para ser entendida.

Por fim, mostre a HQ para o colega e troquem ideias sobre os recursos utilizados.

Você gosta de saber mais sobre o comportamento dos animais? Que tipo de publicação traria informações como essa?

Leia o texto a seguir.

http://chc.org.br/artigo/a-farmacia-natural-dos-animais/

A farmácia natural dos animais

[...]

A zoofarmacognosia (que palavra estranha, hein!?) é resultado de uma mistura das palavras gregas *zoo* (que significa "animal"), *pharma* (que pode ser traduzida como "droga") e *gnosis* (que quer dizer "conhecimento") e se refere ao comportamento animal de automedicação. Ou seja: à descoberta, pelos animais, de elementos da natureza que servem como remédios para uma série de males que podem ocorrer com eles.

Há muito tempo, o comportamento de determinados animais é estudado, incluindo sua capacidade de "saber" o que utilizar para prevenir, aliviar ou curar algum problema de saúde.

Essa sabedoria dos bichos é útil até para os humanos, como na busca de plantas com propriedade medicinais.

Para gente e bicho também

Um estudo recente realizado no Brasil comprova o uso de várias plantas com propriedades medicinais tanto pelo Muriqui-do-sul (*Brachyteles arachnoides*) quanto pelos moradores do entorno do Parque Estadual Intervales, município de Ribeirão Grande, em São Paulo. Na lista das plantas utilizadas pelo muriqui e pelos humanos estão:

- a aroeira, usada como laxativo e com propriedades que diminuem o crescimento de micróbios nocivos à saúde;

- o reticueiro, uma planta que tem propriedades contra a malária;

- o tapiaeiro-miúdo, que é anti-inflamatório;

- o pinho-bravo, que tem ação antitérmica e anti-inflamatória.

Doenças de bicho

Com toda a certeza, você já tomou um medicamento para baixar febre ou para combater algum tipo de verme. Também já deve ter usado algum xampu, sabonete ou loção para se livrar de piolhos. É ou não é? No seu caso, foi alguém responsável por você que tratou do problema. Pois os animais também sofrem com uma série de problemas, com a diferença de que, por viverem soltos, eles se cuidam sozinhos, indo à melhor farmácia de todas: a própria natureza. O mais surpreendente é como sabem usá-la bem!

[...]

Farmácia natural

Já reparou como cães e gatos que vivem em casas com jardim, ou em lugares com plantas, têm o hábito de comer um pouquinho de grama? Essa prática parece estar ligada ao alívio de problemas de digestão.

Estudos mostram que a zoofarmacognosia, esse comportamento de se automedicar, está presente em mais de 200 espécies de aves. Algumas, por exemplo, constroem seus ninhos com determinadas ervas e plantas que podem impedir o crescimento de pulgas, carrapatos e piolhos.

[...]

Ana Lúcia Giannini. *Ciência Hoje das Crianças*, Rio de Janeiro, 27 fev. 2019. Disponível em: http://chc.org.br/artigo/a-farmacia-natural-dos-animais/. Acesso em: abr. 2020.

BRINCANDO COM O TEXTO

1 Responda oralmente:

a) Qual é o título do texto?

b) Qual é o assunto do texto?

2 Que gênero textual é esse?

☐ Cartaz.　　☐ Divulgação científica.　　☐ Bilhete.　　☐ Notícia.

3 De acordo com o texto, o que significa "zoofarmacognosia"?

_____

_____

4 Responda às questões a seguir.

a) Sua família costuma utilizar elementos da natureza como medicamento? Em caso positivo, qual, e para quê?

_____

_____

b) O que você costuma fazer quando o seu animal de estimação adoece?

_____

_____

5 O texto fala de um animal chamado muriqui-do-sul. Que espécie animal é essa?

_____

6 Você conhece as plantas com propriedades medicinais citadas no texto, utilizadas pelos muriquis e pelos humanos? Faça uma pesquisa para identificar essas espécies. Depois, indique exemplos de outras plantas medicinais utilizadas por humanos.

_____

_____

77

BRINCANDO COM O APRENDIZADO

1 Numere as palavras segundo a ordem alfabética.

☐ animal   ☐ automedicação   ☐ medicinais   ☐ laxativo

☐ gato   ☐ muriqui-do-sul   ☐ prevenir   ☐ ocorrer

☐ cães   ☐ zoofarmacognosia   ☐ bichos   ☐ farmácia

☐ homem   ☐ descoberta   ☐ humanos   ☐ ninho

2 Observe os encontros destacados e classifique-os de acordo com a legenda.

A ditongo   **B** hiato   **C** dígrafo   **D** encontro consonantal

☐ farmác**ia**   ☐ s**aú**de   ☐ anim**ai**s

☐ bi**ch**o   ☐ **Br**asil   ☐ p**io**lhos

☐ pro**bl**ema   ☐ **pr**evenir   ☐ co**nh**ecimento

☐ **gr**egas   ☐ **au**tomedicação   ☐ **tr**aduzida

3 Classifique as palavras quanto ao número de sílabas e a posição da sílaba tônica.

Palavra	Nº de sílabas	Sílaba tônica
prevenir		
piolhos		
jardim		
saúde		
planta		
hábito		
medicinais		

4 Complete corretamente com **c** ou **ç**.

a) bagun ___ a

b) pre ___ o

c) cabe ___ a

d) ___ into

e) ca ___ a

f) ___ imento

g) ___ enoura

h) deli ___ iosa

i) pin ___ a

j) pa ___ oca

k) a ___ úcar

l) ___ ebola

5 Empregue corretamente os acentos agudo (´), circunflexo (ˆ) e o til (~) nas palavras a seguir. Depois, reescreva as frases.

a) Fabio viajou de caminhao com Andre.

_____

b) Fui ate o armazem comprar cafe e açucar.

_____

c) O chines vai viajar de onibus com voce.

_____

6 Separe as palavras em sílabas e classifique-as de acordo com a posição da sílaba tônica.

a) mato _____

_____

b) fujão _____

_____

c) ordens _____

_____

d) até _____

_____

e) correr _____

_____

7 Acentue corretamente as palavras.

a) Mamae colocou o fosforo atras do relogio.

b) Voce perdeu o folego durante a corrida.

c) Ninguem ira ao escritorio amanha.

1 Encontre no diagrama as plantas medicinais abaixo.

AGRIÃO

ALCAÇUZ

GUACO

TAMARINDO

CARQUEJA

MALVA

ALFAZEMA

TOMILHO

EUCALIPTO

CONFREI

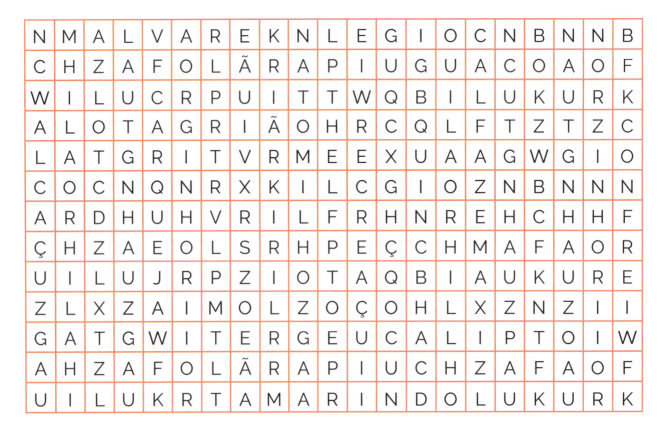

N	M	A	L	V	A	R	E	K	N	L	E	G	I	O	C	N	B	N	N	B
C	H	Z	A	F	O	L	Ã	R	A	P	I	U	G	U	A	C	O	A	O	F
W	I	L	U	C	R	P	U	I	T	T	W	Q	B	I	L	U	K	U	R	K
A	L	O	T	A	G	R	I	Ã	O	H	R	C	Q	L	F	T	Z	T	Z	C
L	A	T	G	R	I	T	V	R	M	E	E	X	U	A	A	G	W	G	I	O
C	O	C	N	Q	N	R	X	K	I	L	C	G	I	O	Z	N	B	N	N	N
A	R	D	H	U	H	V	R	I	L	F	R	H	N	R	E	H	C	H	H	F
Ç	H	Z	A	E	O	L	S	R	H	P	E	Ç	C	H	M	A	F	A	O	R
U	I	L	U	J	R	P	Z	I	O	T	A	Q	B	I	A	U	K	U	R	E
Z	L	X	Z	A	I	M	O	L	Z	O	Ç	O	H	L	X	Z	N	Z	I	I
G	A	T	G	W	I	T	E	R	G	E	U	C	A	L	I	P	T	O	I	W
A	H	Z	A	F	O	L	Ã	R	A	P	I	U	C	H	Z	A	F	A	O	F
U	I	L	U	K	R	T	A	M	A	R	I	N	D	O	L	U	K	U	R	K

TEXTO 1

Você é capaz de dizer qual é a moral da fábula abaixo?
Leia a fábula a seguir.

O lobo e o cão

Um lobo e um cão se encontraram num caminho. Disse o lobo:

– Companheiro, você está com ótimo aspecto: gordo, o pelo lustroso...
Estou até com inveja!

– Ora, faça como eu – respondeu o cão. – Arranje um bom amo. Eu tenho comida na hora certa, sou bem tratado... Minha única obrigação é latir à noite, quando aparecem ladrões. Venha comigo e você terá o mesmo tratamento.

O lobo achou ótima a ideia e se puseram a caminho. Mas, de repente, o lobo reparou numa coisa.

– O que é isso no seu pescoço, amigo? Parece um pouco esfolado... – observou ele.

– Bem – disse o cão – isso é da coleira. Sabe? Durante o dia, meu amo me prende com uma coleira, que é para eu não assustar as pessoas que vêm visitá-lo.

O lobo se despediu do amigo ali mesmo:

– Vamos esquecer – disse ele. – Prefiro minha liberdade à sua fartura.

Ruth Rocha. O lobo e o cão. *Projeto Nordeste*,
Brasília, DF, v. 2, p. 107, 2000.

Caco Bressane

1 Ligue as palavras a seu sentido no texto.

a) lustroso

b) amo

c) esfolado

d) fartura

Muito machucado.

Grande quantidade.

Dono, senhor de alguém.

Brilhoso, que brilha.

2 Reescreva as frases, substituindo as palavras destacadas por sinônimos. Se necessário, faça outras mudanças.

a) "Minha única **obrigação** é latir à noite, quando **aparecem ladrões**."

_____

_____

b) "O lobo **achou ótima** a ideia e se **puseram** a caminho."

_____

_____

3 Agora, reescreva as frases, substituindo as palavras destacadas por **antônimos**. Se necessário, faça outras mudanças.

a) "Companheiro, você está com **ótimo** aspecto: **gordo**, o pelo **lustroso**..."

_____

b) "Prefiro minha **liberdade** à sua **fartura**."

_____

4 No começo da fábula, o lobo afirma estar com inveja do cão. Por que o lobo teve esse sentimento? Assinale a alternativa com a resposta correta.

☐ O lobo sentiu inveja porque o cachorro corria livremente pelo caminho.

☐ O lobo sentiu inveja porque o cão parecia bem alimentado e bem tratado.

5 A forma como o cão vivia tem aspectos positivos e negativos. Pinte os quadradinhos ao lado das frases para indicar o que você considera positivo e o que considera negativo, de acordo com a legenda.

○ aspecto negativo   ● aspecto positivo

☐ O cão sempre tinha comida à vontade.

☐ O cão ficava preso quando tinha visita na casa.

☐ O cão era bem tratado.

☐ O cão tinha o pescoço machucado por ficar preso.

6 De acordo com a fábula, podemos entender que:

☐ o cão estava satisfeito com a vida que levava.

☐ o cão queria mudar de vida.

7 As fábulas geralmente apresentam a "moral da história", um ensinamento que se pretende transmitir com a história contada. Qual é a moral da fábula que você leu? Assinale a alternativa correta.

☐ A liberdade com fome é melhor que o luxo na prisão.

☐ Cuidado com os favores inesperados.

☐ Mais vale um pássaro na mão que dois voando.

8 Agora escreva com suas palavras a moral da fábula "O lobo e o cão".

_____

_____

_____

_____

_____

_____

_____

GRAMÁTICA

Vírgula e ponto e vírgula

Observe os sinais que aparecem na frase a seguir.

Ricardo comprou maçãs, laranjas, melão e verduras.

O sinal destacado é a **vírgula** (,). Ela é usada para indicar uma pequena pausa na leitura. Algumas das funções da vírgula são:

- separar os itens de uma relação, como no exemplo acima;

- separar palavras e expressões que indicam tempo e local, como em: Rio de Janeiro, 10 de junho de 1981;

- separar o vocativo (chamamento), como em: Helena, fique quieta por um instante.

Quando queremos indicar uma pausa maior que a da vírgula, usamos o **ponto e vírgula** (;).

Camila atendeu ao telefone; era sua professora de Arte.

ATIVIDADES

1 Copie as frases colocando a vírgula (,) quando necessário.

a) Comprei lápis caneta borracha e régua.

_____

b) Olinda 20 de março de 2000.

_____

c) Mariana você pinta muito bem.

_____

d) Rodrigo foi à aula de bateria jantou deitou e dormiu.

_____

2 Copie as frases colocando ponto e vírgula (;) quando necessário.

a) Lúcia ficou contente com a notícia Roberto ficou eufórico.

_____

b) Amanhã terei prova ainda não estudei.

_____

c) As crianças precisam se divertir brincar é, portanto, muito necessário.

_____

d) O ventilador pouco ajudou passamos muito calor.

_____

3 Coloque vírgula (,) para separar o vocativo (chamamento).

a) Heloísa você se saiu muito bem no teste.

b) Carolina vá logo comer um lanche.

c) Lucas fique atento ao menor sinal de dor.

d) Rafael você fez um excelente trabalho.

e) Camila por favor fique mais um pouco.

4 Leia as frases e pinte os quadradinhos ao lado das frases de acordo com as regras da legenda.

⬤ Separar os itens de uma relação.

🟡 Separar palavras que indicam tempo e local.

☐ São Paulo, 14 de agosto.

☐ Água, suco, pão e bolo são suficientes.

☐ Amanhã Marina vai levar régua, lápis, papel sulfite e borracha.

☐ Juazeiro, 20 de novembro de 2016.

5 Forme uma frase com ponto e vírgula (;).

_____

85

TEXTO 2

Observe o texto abaixo. Você já viu um texto com esse formato?
Leia o poema a seguir.

"Atirei o pau no gato tô, tô..." aí o gato nem morreu. Foi lá na rua que eu queria ladrilhar com pedrinhas de brilhante para o meu amor morar... Esta rua fica perto do bosque onde mora o anjo que roubou meu coração: – não me deixou passar para ver meu bem querer! Anjo mau... Não sabe nem brincar!

Marilda Ladeira.

Marilda Ladeira. *Viver poesia*. Juiz de Fora: Funalfa, 2011.

BRINCANDO COM O TEXTO

1 Responda às questões oralmente.

a) Qual é o desenho formado pelo poema?

b) Qual é o tema dele?

2 Reescreva o poema abaixo.

_____

_____

_____

_____

_____

_____

3 Você conseguiu identificar trechos de duas cantigas no poema? Quais? Escreva os trechos e o nome das cantigas.

_____

_____

_____

_____

4 Escolha um tema para elaborar um poema concreto.

5 Consulte um dicionário e confirme o significado de **ladrilhar**. Copie abaixo a definição que melhor se aplicar ao poema.

_____

_____

_____

_____

_____

6 Marque com um **X** o gênero do poema apresentado.

◻ poema concreto   ◻ bilhete

◻ texto dramático   ◻ fábula

◻ gráfico

 GRAMÁTICA

Dois-pontos e reticências

Os **dois-pontos** (**:**) são usados:

● em explicações, por exemplo: "a caridade é uma virtude**:** procure cultivá-la";

● para indicar o início de uma relação, por exemplo: "Na feira há**:** melões, maçãs, uvas e morangos";

● antes das palavras ditas por alguém, por exemplo: "Paulinho disse**:** – Viva o Brasil!".

As **reticências** (**...**) são usadas para dar ideia de continuidade a uma oração:

Michael começou a contar: um, dois, três**...**

Além disso, elas também são utilizadas para indicar interrupção:

– Eu vou à feira amanhã e**...**

– Você compra melão para mim?

1 Pontue as frases usando dois-pontos (:).

a) A professora foi bem clara ninguém poderia sair antes de bater o sinal.

b) Rafael foi à feira comprar banana, melão e uva.

c) Felipe disse – Não fique triste, amanhã é outro dia.

d) Não devemos julgar ninguém todos têm sentimentos.

e) Meu tio dizia "Antes tarde do que nunca!".

2 Coloque a pontuação necessária.

a) Laura está alegre porque ganhou presente tomou sorvete e foi passear

b) Gabriel estuda as lições faz as atividades e tira boas notas

c) Marcelo é obediente mas

d) Luciana onde você está

e) Que susto você me deu

f) Eles gritaram   Vamos logo

3 Enumere as frases fazendo a correspondência com a explicação de uso de cada sinal de pontuação.

1 vírgula   **2** dois-pontos   **3** reticências   **4** ponto e vírgula

☐ Usado antes da fala de um personagem.

☐ Separa as palavras de uma enumeração.

☐ Sinaliza uma pausa maior do que a vírgula na leitura.

☐ Indicam interrupção de pensamento.

4 Crie uma frase usando reticências (...).

_____

Boletos, faturas, carnês e cartas de reclamação

1. Analise os gêneros dos textos que serão entregues pelo professor. Você os conhece? Sabe qual é a finalidade desses textos?

_____

_____

_____

2. Depois de analisá-los, leia cartas de reclamação publicadas em um *site* indicado pelo professor.

ORALIDADE

Discussão em grupo

1. Organize todas as informações recolhidas durante a análise anterior; você irá planejar e produzir argumentos para uma discussão em grupo.

PEQUENO CIDADÃO

Acesso à internet

Você tem computador com internet em casa? Seus familiares têm celulares, usam o caixa eletrônico do banco para tirar dinheiro e pagar contas?

De acordo com informações do Instituto Brasileiro de Geografia e Estatística (IBGE), em 2014 mais da metade da população do Brasil tinha computador com acesso à internet em casa.

1 Você tem acesso à internet para fazer trabalhos escolares? Se sim, como acha que fazem as crianças que não têm?

2 Se você não tem acesso à internet, conte para seus colegas e o professor como faz os trabalhos escolares.

TEXTO 1

Leia o texto.

Mingau e o pinheiro torto

Eu também tenho um animal. É um gato que se chama Mingau. Eu o socorri quando ele sofreu um acidente. Ninguém o queria depois disso, sabe por quê? Porque ficou com três patas.

No dia do acidente, eu vi tudo o que aconteceu. Algumas pessoas ficaram ao redor de Mingau, dizendo:

– Eu ficaria com ele se não tivesse com a pata tão quebrada!

Caco Bressane

– Pobre gatinho!

– Eu não quero um animal com quatro patas, muito menos se ficar com três!

[...]

Bom, eu não sei ler boca de gato, mas acho que o fato de não ouvir me deixa mais sensível para as coisas que acontecem à minha volta.

Então eu o peguei, embrulhei-o num pedaço de pano e fui até o doutor Rodrigo, veterinário do bairro.

O gatinho, que nem nome oficialmente tinha ainda, abria a boca, sem parar.

Devia estar reclamando de dor! Mostrei o gato para o veterinário.

Escrevi num papel:

> Doutor Rodrigo,
> Sou o Marcelo Dantas.
> Sou surdo. Peguei esse gato que foi atropelado na rua. O senhor pode cuidar dele? Venho buscar o Mingau (vai ser o nome dele) amanhã.
> O senhor pode responder olhando para mim?
> Obrigado.

[...]

Mostrei o bilhete para ele. Ele pegou o gato, fez um carinho nele, olhou para mim e disse sim.

Eu fiquei só vendo enquanto ele fazia um curativo no gatinho. Vi quando ele o alimentou. Só então eu pude voltar para minha casa. Tinha de avisar meus pais que, a partir de agora, teríamos alguém a mais em casa. E esse alguém a mais seria um gato.

Como eu havia trazido o telefone do veterinário, minha mãe ligou pra ele. Depois, me contou o que havia acontecido. O gato havia ficado com três patas. Papai e mamãe me perguntaram se eu ia querer ficar com o gato assim mesmo.

Respondi na mesma hora:

Foi assim que Mingau ficou sendo meu gato de estimação.

Telma Guimarães C. Andrade. *Mingau e o pinheiro torto.* São Paulo: Editora do Brasil, 2006. p. 5-7.

*Claro! Eu sou surdo e vocês não me devolveram!

BRINCANDO COM O TEXTO

1 O que aconteceu com o gato?

_____

2 Qual foi a reação das pessoas?

_____

_____

3 O que o menino fez para ajudar o gato?

_____

_____

4 O menino escreveu um bilhete para o veterinário. Responda às questões.

a) Qual é o sobrenome do menino?

_____

b) Por que ele escreveu um bilhete?

_____

c) O que ele contou para o veterinário?

_____

_____

5 Que nome Marcelo deu para o gato?

_____

6 O que Marcelo fez quando seus pais lhe contaram que Mingau havia ficado com três patas?

_____

_____

7 O que você faria se estivesse no lugar de Marcelo? Por quê?

_____

_____

_____

8 O que aprendemos com as atitudes de Marcelo?

_____

_____

9 Qual é o título do texto?

_____

10 O que você acha do título?

_____

_____

_____

11 Que outro título poderia ser dado ao texto?

_____

_____

12 Marque as imagens que mostram os cuidados que devemos ter com os animais de estimação.

Desenhorama

Pontuação, acentuação e cedilha

1 Complete as palavras a seguir com a letra **ç**.

a) on ____ a   **c)** cal ____ a   **e)** ro ____ a   **g)** balan ____ o

b) ta ____ a   **d)** pin ____ a   **f)** li ____ ão   **h)** cabe ____ a

2 Circule as palavras com acento agudo (´) e sublinhe as palavras com acento circunflexo (^).

a) lápis   **d)** bambolê   **g)** açaí   **j)** réptil

b) lâmpada   **e)** fósforo   **h)** sofá   **k)** estômago

c) baú   **f)** tênis   **i)** ônibus   **l)** pântano

3 Reescreva as frases pontuando-as e corrigindo as palavras.

a) Quantos tios voce tem

_____

b) Pai voce pode por cha na minha xicara

_____

c) Ganhei um domino e um helicoptero de brinquedo

_____

d) Minha avo me deu caja pessego maça e limao

_____

4 Complete as frases de acordo com a pontuação.

a) Eu quero três coisas: _____ .

b) Por que _____ ?

c) Nossa! Que _____ !

GRAMÁTICA

Travessão, parênteses, aspas

Há diversos recursos para organizar o texto e deixá-lo mais claro.

O **travessão (—)** tem a função, entre outras, de indicar a fala de uma pessoa ou de um personagem num diálogo.

Para iniciar uma frase com travessão, devemos colocá-lo na mesma direção do parágrafo. Exemplo:

Julinho chegou curioso:

— Oi! Como você se chama?

— Meu nome é Renato.

— Você conhece o Flávio?

— Sim! Ele é meu vizinho.

Os **parênteses ( )** são usados para explicar algo ou isolar um comentário.

Exemplo:

A menina alta (goleira do nosso time) é minha amiga.

As **aspas (" ")** são sinais usados, entre outras funções, para indicar uma citação ou o título de uma obra ou, ainda, para destacar alguma palavra ou expressão.

Exemplos:

"Não faça para os outros o que você não gostaria que lhe fizessem", dizia vovó.

Meu filme preferido é "A noviça rebelde".

Messi tem o apelido de "a pulga".

1 Há dois modos de anunciar a fala do personagem. Observe-os a seguir.

1
Com um travessão:
Mamãe perguntou:
— Você quer leite?

2
Com dois travessões:
— Você quer leite? — perguntou mamãe.

■ Use travessões (—) para anunciar a fala nos diálogos a seguir.

a) Papai perguntou:

Vamos comer pêssego?

Vamos comer pêssego?   perguntou papai.

b) Mamãe disse:

Não esqueçam o guarda-chuva!

Não esqueçam o guarda-chuva!   disse mamãe.

2 Coloque as aspas (" ") onde for necessário.

a) Meu lema é este: Devagar e sempre! .

b) Quem ousa dizer: Desta água não beberei ?

c) Ela pergunta para o feirante: Está fresco? .

d) Parece que não consegue fazer nada, é um gênio .

3 Aplique os parênteses [( )] nos lugares corretos.

a) Quando eu era capelão de S. Francisco de Paula contava um padre velho aconteceu-me uma aventura extraordinária.

b) O mistério arrastou-me; fui a casa buscar as chaves da sacristia o sacristão tinha ido passar a noite em Niterói , benzi-me primeiro, abri a porta e entrei.

Machado de Assis. Entre santos. *In*: Machado de Assis. *Várias histórias*. Rio de Janeiro: Laemmert & C. Editores, 1896. Disponível em: http://machado.mec.gov.br/obra-completa-lista/itemlist/category/24-conto. Acesso em: 20 jun. 2020.

Língua Brasileira de Sinais (Libras)

No texto *Mingau e o pinheiro torto*, você viu que Marcelo é surdo e se comunica pelo alfabeto manual (também chamado de datilológico) brasileiro.

Esse alfabeto é, em geral, usado como complemento da **Língua Brasileira de Sinais** (Libras). A Libras é composta de gestos, sinais, expressões faciais etc. que equivalem a palavras; é por meio dessa língua que pessoas com surdez ou deficiência auditiva se comunicam.

Vejamos, então, o alfabeto manual brasileiro.

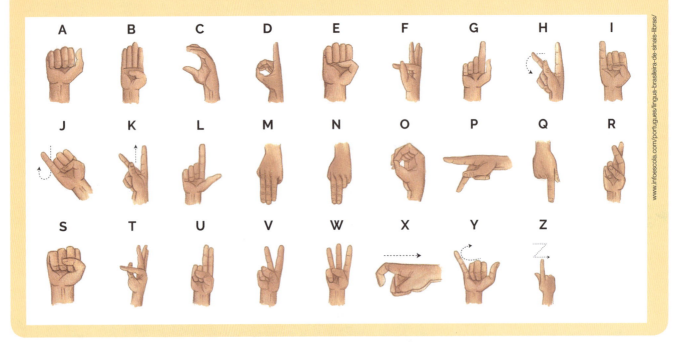

www.infoescola.com/portugues/lingua-brasileira-de-sinais-libras/

BRINCANDO COM A CRIATIVIDADE

Bilhete

Que tal escrever um bilhete para um colega?

Planejar

1. Leia o bilhete da página seguinte e verifique a estrutura dele.

17/04/2020 ——————————————————→ DATA

Evelyn, ——————————————————————→ DESTINATÁRIO
(quem vai receber o bilhete)

Infelizmente, eu não poderei ir à sua
festa de aniversário. No entanto, estou ——→ MENSAGEM
mandando um presentinho para você pelo
Guilherme. Espero que goste!

Beijinhos, ———————————————————→ AGRADECIMENTO OU DESPEDIDA

Jana ————————————————————————→ REMETENTE
(quem escreveu o bilhete)

Produzir, revisar e compartilhar

1. Agora, escolha um colega que será o destinatário e um assunto para o seu bilhete.
2. Escreva o texto em uma folha de papel à parte.
3. Peça ao professor para revisar e faça as correções em outra folha de papel.
4. Entregue o bilhete revisado ao colega.

Minisseminário

1. Em grupo, você fará um minisseminário. Antes disso, você e os colegas precisam pesquisar algumas informações sobre esse gênero de texto oral.
   - O que é um minisseminário e como se faz?
   - Qual é a finalidade de um minisseminário?
2. As partes do minisseminário são a apresentação dos participantes do grupo e do tema e, depois, o momento das perguntas do público.
3. No planejamento, faça um esquema do tema que será apresentado com imagens e textos e a distribuição da apresentação entre os participantes.
4. Você e seu grupo devem revisar a ordem e a fala e editar o que for necessário para melhor entendimento pelo público.
5. Depois da apresentação do tema, os colegas da turma podem fazer perguntas, que serão respondidas pelo grupo.

TEXTO 2

Leia a seguir o trecho de uma reportagem.

 https://olimpiadas.uol.com.br/noticias/redacao/2016/09/17/daniel-dias-conquista-4-ouro-no-rio-e-iguala-maior-nadador-paraolimpico.htm

São Paulo, 17 de setembro de 2016
UOL

Daniel Dias conquista 24ª medalha e se torna maior nadador paraolímpico

Daniel Dias (primeiro à esquerda) e demais integrantes da equipe brasileira de revezamento 4 × 100 m *medley*.

Daniel Dias entrou de vez para a história da natação paraolímpica.

Neste sábado (17), nos 100 m livre, o brasileiro conquistou sua quarta medalha de ouro no Rio de Janeiro e, com um bronze no revezamento 4 × 100 m *medley* no final do dia, chegou a sua 24ª medalha paraolímpica,

ultrapassando o australiano Matthew Cowdrey como o nadador masculino com maior número de pódios da história dos Jogos.

[...]

Recuperação incrível no revezamento

Daniel foi o responsável por abrir o revezamento brasileiro neste sábado.

Contra nadadores com uma deficiência menor que a sua, ficou muito atrás e entregou para Ruan de Souza apenas na sétima posição.

O Brasil parecia, então, que ficaria fora do pódio, frustrando o recorde de Daniel. No entanto, com uma grande recuperação de André Brasil e Phelipe Rodrigues, responsáveis por fechar o revezamento, a equipe brasileira foi tirando a diferença para os rivais e conseguiu terminar com o bronze, na frente da Austrália. [...]

Daniel Dias conquista 24ª medalha e se torna maior nadador paraolímpico. *UOL*, São Paulo, 17 set. 2016. Disponível em: https://olimpiadas.uol.com.br/noticias/redacao/2016/09/17/daniel-dias-conquista-4-ouro-no-rio-e-iguala-maior-nadador-paraolimpico.htm. Acesso em: 20 jun. 2020.

1 Reescreva as frases substituindo os termos destacados por sinônimos.

a) "Neste sábado (17), nos 100 m livre, o brasileiro **conquistou** sua quarta medalha de ouro no Rio de Janeiro [...]."

_____

_____

b) "Daniel foi o responsável por **abrir** o revezamento brasileiro neste sábado."

_____

_____

c) "[...] a equipe brasileira foi tirando a diferença para os **rivais** e conseguiu terminar com o bronze [...]."

_____

_____

2 Na matéria que você leu, há o termo **revezamento 4 × 100 m _medley_**, específico da modalidade esportiva natação.

■ Você sabe o que esse termo significa? Se não, pesquise na internet, na biblioteca da escola ou em uma biblioteca pública para responder.

_____

_____

_____

_____

3 Quem é Daniel Dias?

_____

_____

_____

4 Leia as frases e numere-as conforme a ordem dos acontecimentos descrita no texto.

☐ André Brasil e Phelipe Rodrigues tiraram a diferença e garantiram a medalha de bronze para a equipe brasileira.

☐ Daniel Dias tornou-se o maior nadador paraolímpico da história dos Jogos ao conquistar sua 24ª medalha.

☐ No revezamento 4 × 100 m *medley*, Daniel ficou para trás e entregou a sétima posição para Ruan de Souza.

☐ Daniel ganhou sua quarta medalha de ouro nos 100 m livre.

5 Por que a matéria diz que houve uma "recuperação incrível no revezamento"?

_____

_____

_____

6 Em qual modalidade Daniel Dias é recordista paraolímpico e mundial?

☐ 100 m livre

☐ 4 × 100 m *medley*

7 A 24ª medalha de Daniel Dias foi de:

☐ ouro.   ☐ prata.   ☐ bronze.

8 No trecho abaixo, por que a palavra **apenas** aparece entre aspas?

> Daniel, no entanto, já possuía uma leve vantagem sobre Cowdrey, já que tem 14 ouros contra "apenas" 13 do australiano.

_____

_____

_____

Frases declarativas, interrogativas, exclamativas e imperativas

As frases podem ser:

- **declarativas – afirmativas** ou **negativas**;
- **interrogativas**;
- **exclamativas**;
- **imperativas**.

> Uma frase **declarativa afirmativa**, como o próprio nome diz, expressa uma **afirmação**. Na escrita, ela termina com ponto final.

Exemplo: Nós vamos à escola todos os dias.

> Uma frase **declarativa negativa** expressa uma **negação**. Assim como a afirmativa, ela termina com ponto final.

Exemplo: Eu não fui à escola ontem.

> Uma frase **interrogativa** faz uma **pergunta** ou pede uma informação. Ela termina com ponto de interrogação se for uma **pergunta direta**.

Exemplo: Você foi à escola ontem?

Mas uma frase interrogativa também pode ser uma **pergunta indireta**. Nesse caso, em vez de terminar com o ponto de interrogação, ela termina com ponto final.

Exemplo: Gostaria de saber se você foi à escola ontem.

> Uma frase **exclamativa** exprime um sentimento (alegria, tristeza, surpresa, raiva...). Ela termina com ponto de exclamação.

Exemplo: Não acredito que você já viu o filme!

Uma frase **imperativa** expressa uma ordem, um pedido ou um conselho. Na escrita, ela termina com ponto final ou ponto de exclamação.

Exemplo: Desligue o celular no cinema!

ATIVIDADES

1 Relacione corretamente as frases.

A afirmativa   **C** interrogativa   **E** imperativa

B negativa   **D** exclamativa

☐ Que cara legal!

☐ Quem vai jogar comigo?

☐ Marquinhos não gosta de viajar.

☐ Cuidado ao andar de patins.

☐ Eu quero andar de patins.

2 Transforme as frases declarativas afirmativas em declarativas negativas.

a) Ela gosta de goiaba. _____

b) Preciso comprar meu lanche. _____

c) No pátio há brinquedos. _____

3 Para cada grupo de palavras, escreva uma frase interrogativa.

a) mamãe – jardim – flores _____

b) titio – quebrou – lâmpada _____

c) laranja – suco – Joãozinho _____

4 Escreva **D** para as perguntas diretas e **I** para as indiretas.

☐ Teca, você chorou?

☐ Não sei quem comprou o seu sapato.

☐ Por que você está atrasado?

☐ Quero saber por que ela não foi ao cinema.

BRINCANDO COM A CRIATIVIDADE

Notícia

Agora você vai produzir uma notícia!

Planejar

1. Primeiramente, responda às questões: Para quem o texto será escrito? Onde ele irá circular? O que será noticiado?

2. Monte a estrutura do seu texto com base nas características do gênero notícia, indicadas abaixo.

- Título
- Subtítulo (opcional)
- Lide (1º parágrafo): O que aconteceu? Quando? Como? Onde? Por quê? Com quem?
- Corpo da reportagem (outras informações)
- Autoria e data

3. Escolha o tema, busque informações sobre ele em fontes confiáveis e veja como noticiá-lo da melhor forma. Pense nos recursos necessários para a escrita. Pense também em um nome para o jornal.

Produzir, revisar e compartilhar

1. Escreva a notícia detalhando o fato ocorrido e inclua algum dado de uma fonte confiável.

2. Revise o texto quanto à concordância verbal e nominal, ortografia, pontuação etc. Verifique se a notícia está clara, se precisa de imagens e reveja se a estrutura está completa.

3. Combine com o professor o compartilhamento das notícias produzidas pela turma no jornal mural da escola.

Discussão

1 Que tal compartilhar com os colegas e o professor como foi todo o processo de construção da notícia que você escreveu na seção **Brincando com a criatividade**?

Você gostou de fazer essa produção de texto?

Depois de conversar com os colegas e o professor, registre abaixo sua opinião.

_____

_____

_____

1 Elimine as letras **b**, **j**, **x** e **z** do diagrama e leia uma mensagem importante.

B	R	X	X	O	M	Z	B	A	J
F	B	O	X	I	Z	A	J	P	B
R	I	J	B	M	X	E	Z	I	Z
R	X	A	Z	C	B	I	X	Z	D
J	A	D	B	E	X	A	J	S	X
E	Z	D	X	I	A	X	R	X	U
M	X	Z	J	A	X	P	A	R	X
B	A	Z	L	B	I	X	B	M	J
J	Z	P	X	Í	B	A	D	Z	A

_____

_____

 **TEXTO 1**

Leia o texto a seguir.

O que é uma criança?

Uma criança é uma pessoa pequena.

Ela só é pequena por pouco tempo, depois se torna grande.

Cresce sem perceber.

Devagarinho e em silêncio, seu corpo encomprida.

Uma criança não é criança para sempre.

Ela se transforma.

As crianças têm pressa de crescer.

Algumas crianças crescem, parecem felizes e pensam:

"Como é bom ser grande, livre, decidir tudo sozinha."

Outras crianças, quando se tornam adultas, pensam exatamente o contrário: "Como é chato ser grande, ser livre, decidir tudo sozinha".

[...]

Todas as crianças são pessoas pequenas que um dia vão mudar.

[...]

Mas por que pensar nisso agora?

Beatrice Alemagna. *O que é uma criança?* São Paulo: WMF Martins Fontes, 2013. p. 4, 6, 30 e 34.

Susan Morisse

BRINCANDO COM O TEXTO

1 O que significa **encompridar**?

_____

2 De acordo com o texto, o que é uma criança?

_____

_____

3 O texto afirma que criança "é pequena por pouco tempo" e que ela "não é criança para sempre". Isso quer dizer que a vida adulta:

☐ demora a começar.   ☐ começa logo.

4 Escreva **V** para as afirmações verdadeiras e **F** para as falsas.

☐ As crianças crescem sem perceber.

☐ O corpo das crianças encomprida rapidamente.

☐ Uma criança nunca muda.

☐ As crianças têm pressa de crescer.

5 Escreva algumas transformações pelas quais você passou no último ano.

_____

_____

_____

6 Você tem pressa de crescer? Por quê?

_____

_____

_____

_____

Palavras com ch, x, ss ou s

1 Complete as palavras com **ch** ou **x**.

a) _____ ave

b) ca _____ orro

c) en _____ ente

d) _____ ifre

e) li _____ eira

f) _____ umbo

g) en _____ ugar

h) me _____ er

i) fa _____ ina

j) _____ iqueiro

k) pei _____ ada

l) engra _____ ate

2 Copie as palavras da atividade anterior na respectiva linha.

Palavras com ch	
Palavras com x	

3 Circule as palavras escritas com **ss** e sublinhe as palavras escritas com **s**.

- pessoa
- necessidade
- sombra
- girassol

- pressa
- paisagem
- curso
- tosse

- ganso
- travesseiro
- saliva
- bússola

- bolso
- sensação
- assunto
- sábado

4 Busque palavras com **s** e **ss** no texto da página 107 e copie-as.

a) s: _____

_____

b) ss: _____

_____

Sinônimo e antônimo

Leia as frases a seguir.

Estas meninas são estudiosas.
Estas garotas são estudiosas.

Eu estou **triste**.
Eu estou **alegre**.

As palavras **meninas** e **garotas** têm **significados semelhantes**, por isso são **sinônimas**.

As palavras **alegre** e **triste** têm **significados contrários**, por isso são **antônimas**.

Outra forma de expressar o antônimo das palavras é por meio da colocação de um **prefixo** antes delas. Exemplos: montar – **des**montar; justo – **in**justo.

ATIVIDADES

1 Escreva um sinônimo para cada palavra abaixo.

a) garoto _____

b) branco _____

c) longo _____

d) dar _____

e) falar _____

f) calmo _____

2 Escreva um antônimo para cada palavra abaixo.

a) mentira _____

b) sim _____

c) abrir _____

d) descer _____

e) entrar_____

f) limpo _____

3 Escreva os antônimos das palavras abaixo usando o prefixo **des-**.

a) carregar _____

b) cansar _____

c) costurar _____

d) embrulhar _____

e) dizer _____

f) abotoar _____

g) enrolar _____

h) travar _____

4 Escreva os antônimos das palavras abaixo usando o prefixo **in-**.

a) completo _____

b) fiel _____

c) discreto _____

d) conformado _____

e) disposto _____

f) delicado _____

g) feliz _____

h) certo _____

5 Reescreva as frases substituindo as palavras destacadas por sinônimos.

a) Joãozinho **atravessou rapidamente** a rua.

_____

b) Vera é **indisciplinada**.

_____

c) Eliana está **alegre**.

_____

6 Reescreva as frases substituindo as palavras destacadas por antônimos.

a) O pardal **descia depressa** do telhado, bem **perto** do ninho.

_____

b) O menino **alto** adora ficar **na frente** da casa.

_____

c) José é um menino **desobediente** e **indelicado**.

_____

d) O piso está **limpo** e **seco**.

_____

1 Qual silhueta pertence ao robô abaixo? Circule-a.

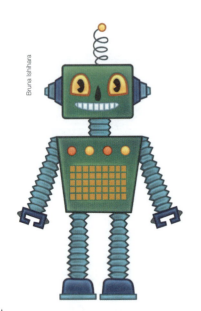

Bruna Ishihara

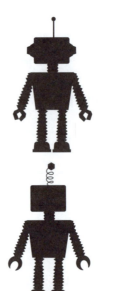

 PEQUENO CIDADÃO

Robôs

Você já viu imagens de robôs? Há muitos tipos deles! Alguns têm características físicas semelhantes às do ser humano, como braços, pernas, dedos etc., e são chamados de humanoides.

A Robótica é a ciência que se dedica à criação de robôs. Milhões de pessoas se especializaram em desenvolver robôs em todo o mundo.

Essas máquinas inteligentes são usadas, por exemplo, em fábricas para montar carros, em trabalhos domésticos e até para cuidar de idosos.

1 Faça uma pesquisa para conhecer robôs criados recentemente. Escreva no caderno o país em que foram inventados e qual é a função de cada um deles. Recorte e cole imagens dos robôs para ilustrar o que descobriu.

2 Em sua opinião, os robôs podem contribuir para melhorar a qualidade de vida das pessoas? De que maneira?

Leia o texto a seguir.

Mauricio de Sousa. *Turma da Mônica em: o Estatuto da Criança e do Adolescente.* São Paulo: Mauricio de Sousa Editora, 2006. p. 19. Disponível em: http://www.crianca.mppr.mp.br/arquivos/File/publi/turma_da_monica/monica_estatuto.pdf. Acesso em: 21 jun. 2020.

1 De que turma são os personagens que aparecem no texto?

_____

2 Pesquise em um dicionário o significado da palavra **direito** e anote-o.

_____

_____

3 Quantos direitos aparecem no texto? _____

4 De acordo com os personagens, você conseguiu entender de quem são esses direitos? Comente sua resposta.

_____

_____

5 Em sua opinião, todas as crianças têm esses direitos assegurados? Explique sua resposta conversando com os colegas.

6 Além dos direitos que aparecem no texto, qual outro você imagina que também deveria existir? Converse com os colegas.

7 Assinale a fotografia que mostra a imagem de desrespeito aos direitos das crianças e dos adolescentes. Comente com os colegas.

ORTOGRAFIA

Palavras com ce, ci, se ou si

1 Escreva o nome das imagens.

a)

_____

c)

_____

e)

_____

b)

_____

d)

_____

f)

_____

2 Complete as palavras com **ce**, **ci**, **se** ou **si**.

a) _____ nema

c) _____ gonha

e) _____ gredo

b) _____ mana

d) _____ nal

f) _____ leste

3 Copie as palavras do quadro na coluna adequada.

cereja	cérebro	cerca	cipó
ciclista	circo	semente	secador
serpente	siri	silhueta	sigilo

ce	ci	se	si

Substantivo

Leia a frase.

Larissa sempre come verduras, legumes e carne no almoço.

As palavras **Larissa**, **verduras**, **legumes**, **carne** e **almoço** são substantivos.

> As palavras que dão nome às coisas são chamadas de **substantivos**.

Fernando Favoretto/Criar Imagem

Os substantivos podem ser: comuns ou próprios, concretos ou abstratos, coletivos, primitivos ou derivados, simples ou compostos.

Substantivo comum

Casa é um **substantivo comum** porque é um nome que serve para todas as casas.

Substantivo próprio

Helena é um **substantivo próprio**. O substantivo próprio é aquele que dá nome às pessoas, aos países, aos estados, às cidades, aos rios, às ilhas, às ruas, às casas comerciais etc.

Substantivo concreto

Casa e **árvore** são **substantivos concretos** porque existem independentemente de outro ser e nomeiam seres reais ou imaginários.

Substantivo abstrato

Amor e **carinho** são **substantivos abstratos** porque só existem na dependência de outro ser e nomeiam ações e qualidades.

Substantivo derivado

Agulheiro é um **substantivo derivado** do substantivo primitivo **agulha**.

Substantivo composto

Onça-pintada é um **substantivo composto**, pois é formado por mais de uma palavra ligada por hífen.

Substantivo simples

O **substantivo simples** é formado por uma única palavra. Exemplo: **copo**.

ATIVIDADES

1 Circule os substantivos comuns, concretos e simples nas frases abaixo.

a) A casa da vovó é azul.

b) Helena é a irmã de Hugo.

c) Ganhei uma linda boneca.

d) Gosto de suco de ameixa.

e) As pitangas estão maduras.

f) Os livros estão na estante.

2 Coloque na coluna adequada as palavras a seguir.

presilha	Rogério	estacionamento	Bora Bora
Geraldo	livraria	Mimi	copo
Argentina	animal	gatinho	Roraima

Substantivo comum	Substantivo próprio

3 Assinale a opção correta para cada substantivo.

a) alegria

☐ substantivo comum e abstrato

☐ substantivo próprio

☐ substantivo comum e concreto

c) Cássio

☐ substantivo próprio

☐ substantivo comum e concreto

☐ substantivo comum e abstrato

b) cocada

☐ substantivo próprio

☐ substantivo comum e concreto

☐ substantivo comum e abstrato

d) couve-flor

☐ substantivo próprio

☐ substantivo comum e composto

☐ substantivo comum e abstrato

4 Sublinhe os substantivos abstratos.

a) Márcia tem fama de boa colega.

b) Gosto muito da amizade com Lorena.

c) Você me causa muita alegria.

d) Bondade e caridade são virtudes.

Mohamed Osama/Dreamstime.com

5 Complete com o substantivo abstrato correspondente.

a) Quem é paciente tem _____.

b) Quem é covarde tem _____.

c) Quem é belo tem _____.

d) Quem é corajoso tem _____.

e) Quem é bondoso tem _____.

6 No caderno, crie frases de acordo com os tipos de substantivo pedidos.

a) substantivo comum e substantivo próprio

b) substantivo concreto e substantivo abstrato

7 Ligue o substantivo derivado ao que lhe deu origem (primitivo).

a) jornaleiro

b) palhaçada

c) hortaliça

d) agulheiro

e) mangueira

f) chuvarada

- horta
- jornal
- palhaço
- agulha
- chuva
- manga

8 Leia o poema abaixo.

Ingá

Com mais cores da Amazônia
seguiremos a viagem,
vejam o fruto do ingá,
que tem forma de uma vagem.

Vi ingá grande demais,
vi ingá pequenininho,

e na flor vi um beija-flor
beijando a flor com carinho.

É que a flor do ingazeiro
tem a forma de pompom;
como o beija-flor não é bobo
beija só o que acha bom.

César Obeid. *Cores da Amazônia: frutas e bichos da floresta.* São Paulo:
Editora do Brasil, 2015. p. 13.

a) Circule no poema um substantivo próprio.

b) Copie do poema cinco substantivos comuns.

_____

c) Sublinhe no poema um substantivo composto.

d) Classifique o substantivo **ingazeiro**.

_____

💡 BRINCANDO COM A CRIATIVIDADE

Carta de reclamação

Você já analisou algumas cartas de reclamação. Agora irá escrever uma carta desse gênero.

Planejar

1. Escolha um tema para escrever sua carta de reclamação e o destinatário. Pense se você ou alguém que conhece já comprou algum produto que veio com defeito ou uma comida estragada, por exemplo.
2. Preencha tabela a seguir, referente à estrutura que sua carta vai ter.

Remetente	→	
Destinatário (quem pode solucionar o problema)	→	
Escreveu porque... (qual é a reclamação)	→	
Argumentos utilizados	→	O problema merece atenção porque... Prejuízos causados pelo problema
Solicitações (o que espera que seja feito)	→	

Produzir, revisar e compartilhar

1. Peça a um colega para revisar seu texto e, depois, peça também ao professor.
2. Passe seu texto a limpo em uma folha de papel, se for enviar sua carta pelos Correios, ou digite e envie por *e-mail* ao destinatário.

Exposição oral

1. Converse com seus familiares para saber se já escreveram uma carta de reclamação ou se a fizeram em um *site* específico para reclamações. Depois, compartilhe as informações com os colegas e o professor.

UNIDADE 9

 **TEXTO 1**

Leia o poema a seguir, que trata de uma brincadeira muito comum no Brasil.

A arte de soltar pipas

Arte de soltar pipas
É arte que não se ensina,
Precisa um pouco de vento,
E o beijo de uma menina.

As pipas sobem bem altas
E saem do alcance da mão,
E quando a linha arrebenta,
Arrebenta-se meu coração.

Desisti de soltar pipas
Vermelhas, verdes, amarelas,
Hoje eu solto luas e estrelas,
E me solto junto com elas.

Sérgio Capparelli. *Poesia de bicicleta*.
Porto Alegre: L&PM, 2009. p. 70.

Caco Bressane

BRINCANDO COM O TEXTO

1 Procure no dicionário o significado das palavras a seguir.

a) Arte: _____

_____

b) Soltar: _____

_____

2 Como a pipa é chamada na região em que você mora?

_____

_____

_____

3 De acordo com o poema, soltar pipas:

☐ é uma brincadeira que as crianças nascem sabendo.

☐ é um esporte que exige estudo de técnicas e treino.

☐ é uma arte que não pode ser ensinada.

4 No poema, a que soltar pipa é comparado?

☐ A brincar de forma descuidada e sem segurança.

☐ A sentir emoções de forma livre e sem medo.

5 De acordo com o poema, o que é preciso para soltar pipas?

_____

_____

_____

6 Pinte as palavras que rimam no poema. Para cada rima, use uma cor diferente.

Masculino e feminino

Leia as palavras a seguir.

a pipa

uma menina

Os substantivos podem ser do gênero **masculino** ou **feminino**.

Pipa e **menina** são **substantivos femininos**. Antes deles, podemos colocar os artigos **a** ou **uma**.

Agora, leia estas palavras:

o caderno

um cachorro

Caderno e **cachorro** são **substantivos masculinos**. Antes deles, podemos colocar os artigos **o** ou **um**.

Há casos em que antes de um mesmo substantivo podemos usar os artigos **o**, **a**, **um** ou **uma**. Dizemos, então, que ele é **comum de dois gêneros**. Alguns exemplos desse caso: **o** artista, **a** artista; **um** cliente, **uma** cliente.

Nem todos os substantivos admitem os gêneros masculino e feminino. Alguns têm uma só forma para os dois gêneros. Veja: **a** criança, **o** indivíduo. São os chamados **substantivos sobrecomuns**.

Conheça o feminino de algumas palavras:

alfaiate	costureira	**frade**	freira
ator	atriz	**genro**	nora
autor	autora	**herói**	heroína
barão	baronesa	**imperador**	imperatriz
bode	cabra	**ladrão**	ladra ou ladrona
boi	vaca	**leão**	leoa
cão	cadela	**macaco**	macaca
carneiro	ovelha	**macho**	fêmea
cavaleiro	amazona	**órfão**	órfã
cavalheiro	dama	**padrasto**	madrasta
cavalo	égua	**padrinho**	madrinha
comendador	comendadora	**papa**	papisa
compadre	comadre	**poeta**	poetisa ou poeta
conde	condessa	**rei**	rainha
duque	duquesa	**vendedor**	vendedora
elefante	elefanta	**zangão**	abelha
embaixador	embaixadora	**zelador**	zeladora

ATIVIDADES

1 Escreva **a** ou **o** antes dos substantivos para determinar o gênero deles.

a) _____ bola

b) _____ ônibus

c) _____ telefone

d) _____ mesa

e) _____ leão

f) _____ pilha

g) _____ carteira

h) _____ sapato

i) _____ lata

j) _____ lápis

k) _____ garfo

l) _____ bolsa

2 Reescreva os termos passando-os para o masculino singular.

a) umas moças _____

c) as doutoras _____

b) umas atrizes _____

d) umas primas _____

3 Observe as fotografias a seguir e escreva o nome das profissões usando corretamente feminino ou masculino e os respectivos artigos **o** ou **a**.

a)

_____

c)

_____

b)

_____

d)

_____

4 Reescreva as frases no feminino.

a) Ele é um garoto corajoso e inteligente.

_____

b) O embaixador e o duque são colegas.

_____

c) O médico viajou com o engenheiro.

_____

5 Ligue os substantivos femininos aos masculinos correspondentes.

a) poetisa   ▪ frade

b) cantora   ▪ cantor

c) nora   ▪ poeta

d) freira   ▪ genro

1 Encontre 7 diferenças entre as imagens a seguir.

Marcos Machado

Leia o texto a seguir para se informar um pouco mais sobre pipas.

Como fazer pipa de papel

Todos nós somos responsáveis pelo planeta e você pode começar a fazer a sua parte com o processo de como fazer pipa de papel, por exemplo, para reaproveitar papel ou fazer pipa de plástico, para reaproveitar o plástico. E você pode aproveitar o processo de como fazer pipa peixinho para também decorar espaços.

Reciclar o que se usa, causando um menor impacto ambiental, é obrigação de quem está vivendo sobre o planeta Terra, pois, se a natureza ficar doente, todos nós estaremos comprometidos, porque a natureza é nossa casa e dela retiramos os nossos alimentos. Se você está sem norte, comece por confeccionar pipas de material reaproveitável.

O processo de como fazer pipa arraia exige:

- varetas de bambu;
- tesoura sem ponta;
- cola branca;
- tirinhas de papel, para fazer a rabiola da pipa;
- papel de seda com a cor ou com a estampa de sua preferência;
- linha fininha ou linha de náilon bem fina.

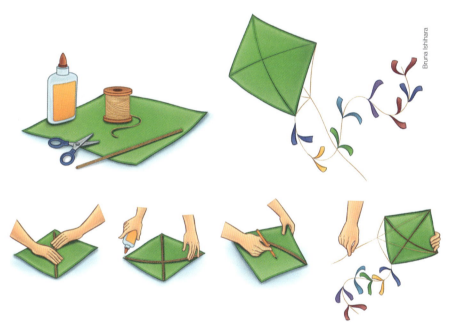

Bruna Ishihara

Comece separando todos os materiais que você vai utilizar em seu processo de como fazer pipa simples. Monte a armação da pipa com as varetas e a linha fina. Cole a armação da pipa no papel de seda. Amarre a linha do carretel na armação. Faça a rabiola da pipa com o tamanho que você desejar, amarrando tirinhas de papel em uma linha bem comprida. Para finalizar a sua pipa de papel, basta amarrar a rabiola na pipa. E está pronto!

Fernanda Catelan. Como fazer pipa de papel. *In*: Reciclagem. [*S. l.*], [20--?].
Disponível em: https://www.reciclagemnomeioambiente.com.br/como-fazer-pipa.
Acesso em: 21 jun. 2020.

BRINCANDO COM O TEXTO

1 De acordo com o texto, quem é responsável pelo nosso planeta?

_____

2 Que materiais são necessários para fazer uma pipa?

_____

_____

3 Para que pode servir uma pipa peixinho?

_____

4 Faça um projeto da sua pipa e desenha-a no espaço abaixo. Decore-a de acordo com sua preferência.

5 Segundo o texto, por que devemos reciclar o que usamos?

_____

_____

_____

Brincar de pipa com segurança

Empinar pipa é muito legal, mas é preciso divertir-se de forma segura. Veja a seguir algumas regras para brincar sem perigo.

1. Não use fios metálicos ou papel laminado na pipa, pois há risco de choque elétrico.

2. Não use cerol na linha, isso pode ferir e até matar alguém.

3. Não solte pipa em dias de chuva ou relâmpagos.

4. Não solte pipas perto de postes, fios ou antenas.

5. Não brinque em telhados ou lajes para evitar quedas.

6. Não tente pegar a pipa caso ela fique enroscada em algum fio.

7. Muita atenção ao correr e ao andar, especialmente quando der passos para trás.

8. Fique sempre atento ao caminho para evitar quedas ou tropeços.

9. Use luvas para não machucar as mãos.

10. Brinque em lugares abertos (praças, parques, campos de futebol); assim, você ficará seguro.

Aliaksei Smalenski/Dreamstime.com

Artigo

As palavras **o**, **a**, **os**, **as** são artigos.

> **Artigo** é a palavra usada antes do substantivo para indicar, ao mesmo tempo, o gênero e o número dele.

O artigo pode ser:

- **definido** – determina o substantivo de modo preciso.

Os artigos definidos são: **o**, **a**, **os**, **as**.

- **indefinido** – determina o substantivo de modo vago, impreciso.

Os artigos indefinidos são: **um**, **uma**, **uns**, **umas**.

ATIVIDADES

1 Escreva os artigos **o**, **a**, **os**, **as** de acordo com as palavras.

a) _____ lápis

b) _____ bola

c) _____ besouro

d) _____ cometa

e) _____ dedos

f) _____ bolas

g) _____ maritacas

h) _____ peixe

i) _____ dente

j) _____ régua

k) _____ vaso

l) _____ corrente

2 Escreva os artigos **um**, **uma**, **uns**, **umas** de acordo com as palavras.

a) _____ caixa

b) _____ cadernos

c) _____ matérias

d) _____ barril

e) _____ motor

f) _____ carro

g) _____ garfos

h) _____ papel

i) _____ serpente

j) _____ fronhas

k) _____ malas

l) _____ prato

m) _____ soldado

n) _____ tratores

o) _____ tela

3 Complete as frases com artigos definidos.

a) _____ patinhos foram para _____ lagoa.

b) _____ menina estudou _____ lições.

c) _____ pássaros voaram para _____ árvores.

d) Comprei pêssego para _____ madrinha.

4 Complete as frases com artigos indefinidos.

a) Comprei _____ caneta para a professora.

b) Tenho _____ livros novos.

c) Li _____ notícia no jornal sobre Daniel.

d) _____ meninos não foram à escola.

5 Escreva o nome das imagens acompanhado dos artigos definidos **o**, **a**, **os** ou **as**.

a)

_____

b)

_____

c)

_____

d)

_____

e)

_____

f)

_____

6 Elabore duas frases utilizando artigos.

a) _____

b) _____

BRINCANDO COM A CRIATIVIDADE

Ilustrações: Bruna Ishihara

Texto de instruções

Você vai escrever um texto de instruções de montagem de algum brinquedo.

Planejar

1. Leia textos de instruções de montagem e analise a estrutura deles.
2. Relembre qual é a função dos textos de instruções de montagem, onde eles circulam e de quais partes são compostos (título – objeto da montagem, lista de material necessário e etapas de montagem).
3. Depois, escolha o que você irá ensinar no passo a passo e para quem será o texto.

Produzir, revisar e compartilhar

1. Em uma folha de papel à parte, escreva o texto explicando a montagem de algum jogo, dobradura etc.
2. Planeje como escrever (texto objetivo, verbos no imperativo etc.) e quais imagens inserir.
3. Escreva o texto e inclua as imagens adequadas.
4. Solicite a leitura do texto por um colega para que ele revise pontuação, ortografia, concordância verbal e nominal, acentuação etc. Após a revisão do colega, peça também a revisão do professor.
5. Os textos podem ser trocados entre você e os colegas e cada um pode tentar executar as instruções e produzir seu próprio brinquedo.

ORALIDADE

Exposição oral

1. Agora, conte sobre a produção do texto aos colegas e ao professor.
- Como foi a experiência?
- O que você aprendeu com os colegas?
- O que achou mais divertido?

 TEXTO 1

Com base na ilustração abaixo, responda: Qual é o assunto que você acha que o texto vai tratar?

Leia o texto a seguir.

Os segredos do baú

O baú chegou lá em casa com o vovô.

Eu achei os dois muito parecidos no tamanho, na cor, nos mistérios...

Minha cabeça de moleque curioso imaginava o que haveria lá dentro. Mas a única coisa que vovô tirou do baú foi um banco pequeno e bem antigo.

– Você sabia que esse banco pertenceu aos nossos **antepassados**?

Laerte Silvino

 GLOSSÁRIO

Antepassado: parente do qual descendemos, como avô, bisavó, trisavó.

Com paciência e sabedoria, vovô explicou que, na África de antigamente, o banco era o móvel mais importante da casa. Além de usado no dia a dia, era símbolo da realeza e do poder. Ele guardava uma tradição ligada ao respeito aos reis, aos chefes e aos mais velhos. Também era utilizado pelos *griots*, contadores de histórias e de saberes populares, que falavam para as pessoas a seu redor.

Gostei de conhecer a história do banquinho africano. Mas que outros segredos estariam escondidos no baú?

Durante muito tempo eu olhava para ele tentando descobrir, mas não sabia como perguntar ao vovô.

Até que um dia ele estava sentado em seu banquinho, olhando pensativo pela janela da sala, quando eu tive uma ideia.

Fiz seu retrato: a careca, os olhos pequenos, o nariz largo, os lábios grossos e a barbinha que cobria o queixo.

Recortei o desenho e, para completar, colei uma coroa de papéis coloridos. Ficou uma máscara bem legal!

[...]

Mércia Maria Leitão e Neide Duarte. *Formas e cores da África*. São Paulo: Editora do Brasil, 2014. p. 8 e 10.

BRINCANDO COM O TEXTO

1 Quem conta a história é:

☐ o avô. ☐ o moleque curioso. ☐ alguém fora da história.

2 Releia o quinto parágrafo do texto. Depois, leia as frases e escreva **V** nas frases verdadeiras e **F** nas falsas.

☐ O banco era muito valorizado na África de antigamente.

☐ O banco era usado apenas no dia a dia.

☐ Os bancos eram símbolo da realeza e do poder.

3 Quem eram os *griots*?

_____

_____

134

4 Que partes do corpo o menino desenhou no retrato do avô?

_____

_____

5 Como o menino ficou depois de conhecer a história do banquinho africano?

_____

_____

6 Existe na sua casa ou na casa de seus familiares algum objeto que pertenceu a seus antepassados?

a) Se sim, qual é o objeto?_____

b) Se não, qual objeto de sua casa você gostaria que ficasse guardado para o futuro?

_____

 **GRAMÁTICA**

Substantivo coletivo

Leia a frase a seguir.
Havia um lindo **cardume** no aquário.
Cardume é um conjunto de peixes.
Exemplos:
Alcateia é um conjunto de lobos.
Ninhada é um conjunto de filhotes de animais.
Enxame é um conjunto de abelhas.
Boiada é um conjunto de bois.

Witoldkr1/Dreamstime.com

> Todo substantivo que, no singular, indica uma coleção ou um conjunto de seres é um **substantivo coletivo**.

Aprenda abaixo alguns coletivos:

alcateia →	de lobos	**frota** →	de navios de função específica
arquipélago →	de ilhas		
bacia →	de rios	**galeria** →	de quadros
bando →	de aves, de pessoas, de animais etc.	**manada** →	de elefantes
		matilha →	de cães
boiada →	de bois	**nuvem** →	de insetos ou gafanhotos
cacho →	de uvas ou bananas	**praga** →	de insetos ou outros bichos causadores de doenças
cáfila →	de camelos		
cardume →	de peixes		
constelação →	de estrelas	**quadrilha** →	de ladrões
enxame →	de abelhas	**ramalhete** →	de flores
esquadra →	de navios de guerra	**rebanho** →	de ovinos, bovinos, caprinos etc.
esquadrilha →	de aviões	**resma** →	de papéis
exército →	de soldados	**vara** →	de porcos

Também são coletivos:

dezena →	10 unidades	**trimestre** →	3 meses
centena →	100 unidades	**bimestre** →	2 meses
milhar →	mil unidades	**ano** →	12 meses
dúzia →	12 unidades	**década** →	10 anos
grosa →	12 dúzias	**século** →	100 anos

ATIVIDADES

1 Indique os coletivos correspondentes aos conjuntos de:

a) flores _____

b) árvores _____

c) camelos _____

d) insetos ou gafanhotos _____

e) papéis _____

f) elefantes _____

2 Indique o coletivo das imagens.

a)

_____

c)

_____

e)

_____

Paula Kranz

b)

_____

d)

_____

f)

_____

3 Assinale o coletivo adequado de cada palavra.

a) músicos: ☐ bando ☐ enxame ☐ orquestra

b) quadros: ☐ pinacoteca ☐ elenco ☐ grosa

c) aves: ☐ batalhão ☐ bando ☐ braçada

4 Escreva as definições correspondentes aos coletivos.

a) um ano _____ **c)** um trimestre _____

b) um semestre _____ **d)** um século _____

5 Escreva uma frase com cada substantivo coletivo indicado.

a) multidão

_____

b) rebanho

_____

c) bando

_____

Brincadeiras

Você já pensou que seus pais e avós também brincaram quando crianças?

Antigamente não havia tantos brinquedos quanto agora.

Muitas crianças que não podiam ter brinquedos prontos, porque eles custavam caro, usavam a criatividade para construí-los. Por exemplo, elas faziam bolas de meia para jogar futebol e queimada, pipas, carrinhos de rolimã, bonecas de pano, trenzinhos com caixas de fósforos, telefones com barbante e rolos de papel higiênico etc.

Esses brinquedos e as brincadeiras de roda, de pega-pega, de pula-sela, de passa-anel, entre outras, eram tão divertidos quanto os de hoje. A diferença é que, hoje, os brinquedos e brincadeiras contam com a tecnologia atual.

PESQUISANDO

1 Pergunte a um familiar mais velho:

a) De que brincava quando era criança?

_____

b) De quais brinquedos gostava mais?

_____

_____

c) Alguns brinquedos eram feitos por ele? Quais? Como eram feitos?

_____

_____

Veja, no fim do texto abaixo, o nome do livro de onde ele foi retirado. O que você acha que vai ler?

Agora leia o texto.

Nossa terra, nosso povo

Larissa Melo

Nosso solo sagrado estava aqui muito antes de seus habitantes nascerem.

O primeiro ser humano saiu do fundo da terra. E também os animais que nos alimentam com suas carnes e nos aquecem com suas peles e pelos felpudos. A natureza nos deu ursos, lobos, coelhos, raposas... além de incontáveis pássaros, peixes, focas e baleias.

Todas as coisas surgiram do chão. As crianças brotavam do solo como as plantas no verão. As mulheres colhiam os recém-nascidos da mesma maneira que hoje recolhem flores e frutos. Depois que encontravam os pequenos seres espalhados pela relva, levavam as frágeis criaturas para suas cabanas e cuidavam delas amorosamente.

Deste modo, nosso povo foi se tornando numeroso. Aqui, aprendemos com os mais velhos a enfrentar as tempestades de neve, a caçar, remar e pescar, desafiando o mar e os blocos de gelo em nossos caiaques.

Assim foi e será para sempre. Mas sabemos que nossa terra é apenas uma minúscula parte de um mundo muito maior.

Rogério Andrade Barbosa. *Contos da Terra do Gelo*. São Paulo: Editora do Brasil, 2012. p. 11.

BRINCANDO COM O TEXTO

1 Pesquise no dicionário o sentido das seguintes palavras.

a) Felpudo: _____.

b) Relva: _____.

2 O texto que você leu é uma lenda. Qual é o tema dela?

_____

_____

3 O texto trata de um lugar:

☐ repleto de montanhas, nem muito frio nem muito quente.

☐ cheio de praias com águas quentes e onde faz muito calor.

☐ muito frio, onde há blocos de gelo e ocorrem tempestades de neve.

4 Circule os trechos do texto que o ajudaram a responder à questão anterior.

5 O texto afirma que as mulheres cuidavam das crianças "amorosamente". O que isso quer dizer?

_____

_____

_____

6 Complete o nome de alguns animais mencionados no texto.

a) | B | | | E | | |

c) | | | C | |

b) | | | P | | A |

d) | | R | | |

7 Em sua opinião, o que significa a última frase do texto: "Mas sabemos que **nossa** terra é apenas uma minúscula parte de um mundo muito maior"?

Converse com os colegas a respeito disso.

Singular e plural

As palavras podem estar no **singular** ou no **plural**. Veja:

uma caneta

umas canetas

No **singular**, as palavras indicam apenas um elemento: canet**a**.

No **plural**, as palavras indicam mais de um elemento: canet**as**.

Para formar o plural, geralmente acrescentamos **s** no fim da palavra: caneta, canet**as**.

Há palavras que fazem o plural sofrendo modificação no fim.

As terminadas em **ão** fazem o plural de três modos: **ãos** – **ães** – **ões**.

Exemplos: m**ão** – m**ãos**; c**ão** – c**ães**; canç**ão** – canç**ões**.

As terminadas em **m** fazem o plural transformando o **m** em **ns**.

Exemplos: home**m** – home**ns**.

As terminadas em **r** e **z** fazem o plural acrescentando-se **es**.

Exemplos: mulhe**r** – mulhe**res**; ve**z** – ve**zes**.

As terminadas em **s** comportam-se de dois modos:

    a) quando oxítonas, fazem o plural acrescentando-se **es**.

      Exemplos: portu**guês** – portugues**es**;

    b) quando paroxítonas ou proparoxítonas, são invariáveis.

      Exemplo: lápi**s**, ônibu**s**.

As oxítonas terminadas em **al**, **el**, **ol** fazem o plural trocando o **l** por **is**.

Exemplos: algodo**al** – algodo**ais**; pinc**el** – pinc**éis**; carac**ol** – carac**óis**.

As terminadas em **il** fazem o plural de dois modos:

    a) se forem oxítonas, o **il** torna-se **is**.

      Exemplos: fun**il** – fun**is**;

    b) se forem paroxítonas, o **il** torna-se **eis**.

      Exemplo: fác**il** – fác**eis**.

Plural de algumas palavras:

amável → amáveis	**gavião** → gaviões	**mês** → meses
anil → anis	**homem** → homens	**órgão** → órgãos
animal → animais	**hotel** → hotéis	**pão** → pães
barril → barris	**irmão** → irmãos	**pires** → pires
cão → cães	**lápis** → lápis	**pomar** → pomares
capital → capitais	**limão** → limões	**pombal** → pombais
colher → colheres	**luz** → luzes	**qual** → quais
coração → corações	**macacão** → macacões	**qualquer** → quaisquer
funil → funis	**mamão** → mamões	**rapaz** → rapazes
gás → gases	**mão** → mãos	**trem** → trens

 ATIVIDADES

1 Escreva o nome das imagens no singular e no plural.

a)

_____

_____

c)

_____

_____

e)

_____

_____

b)

_____

_____

d)

_____

_____

f)

_____

_____

2 Reescreva as frases colocando as palavras no plural.

a) A voz dela é agradável.

_____

b) O rapaz é amável.

_____

c) A luz do trem é forte.

_____

d) O animal é feroz.

_____

3 Reescreva as expressões no singular.

a) Os carretéis coloridos.

_____

b) Os pastéis gostosos.

_____

c) Os cartazes azuis.

_____

d) Os funis e as colheres.

_____

4 Indique as palavras que mantêm a mesma forma no plural.

☐ burguês	☐ mês	☐ tórax	☐ lápis
☐ raiz	☐ pínus	☐ anis	☐ ônix
☐ vírus	☐ freguês	☐ gravidez	☐ cortês
☐ gás	☐ cassis	☐ fugaz	☐ látex

ORTOGRAFIA

Palavras com ch ou x

1 Complete os verbos com **ch** ou **x**.

a) pu___ar

b) a___ar

c) ___ecar

d) abai___ar

e) encai___ar

f) man___ar

g) a___atar

h) afrou___ar

i) apai___onar

j) ___eirar

k) en___ugar

l) en___aguar

2 Escreva o nome das imagens.

a)

_____

c)

_____

e)

_____

b)

_____

d)

_____

f)

_____

3 Copie as palavras da atividade anterior na coluna adequada.

Palavras com ch	Palavras com x

BRINCANDO

1 Vamos fazer a dobradura de uma foca? Divirta-se!

1
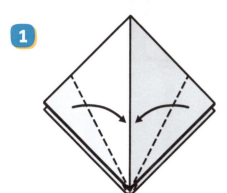

2
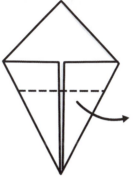

Vire a ponta para o outro lado. Uma ponta deve encostar na outra.

3

Puxe para baixo, para formar um triângulo com essa parte.

Desenhorama

4

Repita os mesmos passos do outro lado.

5

Dobre a ponta e puxe-a para baixo.

6
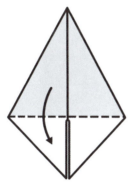

7

Dobre e puxe para o outro lado.

8
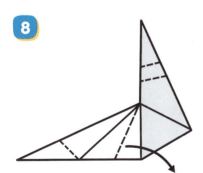

Dobrar.

9
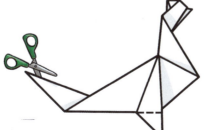

Dobrar. Corte uma ponta do rabo e vire-a.

10
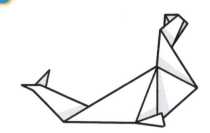

A foca está pronta!

 **TEXTO 1**

Observe a ilustração que acompanha o texto. De que profissional você acha que os versos vão tratar?

Leia o poema a seguir.

Na manhã ensolarada,
pedalando pela estrada,
alguém vem vindo do sul:
é o Carteiro da comarca
em seu uniforme azul,

trazendo uma carta para os Três Ursos.

A família leu a carta (menos, é claro, o Ursinho),
serviu um chá ao Carteiro,
que tomou o bule inteiro
e seguiu o seu caminho.

Empurrando a bicicleta,
o Carteiro a pé penetra no coração da floresta
– de tão fechada que era, nem dava pra ver o céu! –
e finalmente ele chega a uma casinha modesta,
mas com carro na garagem e feita de pão de mel,

trazendo uma carta para a Bruxa Malvada.

Claudia Marianno

A Bruxa convida o Carteiro para entrar e descansar,
ler o jornal da noite, tomar um gole de chá.
Aceita o Carteiro o convite,
mas deixa o chá intocado,
que sua cor era sinistra e tinha um fedor danado!

[...]

Janet & Allan Ahlberg. *O carteiro chegou.* São Paulo: Companhia das Letrinhas, 2007. p. 2-9.

BRINCANDO COM O TEXTO

1 Quem é o principal personagem da história?

_____

2 Qual é a função do profissional carteiro?

_____

_____

3 Assinale qual é o meio de transporte utilizado pelo carteiro do poema.

☐ trem   ☐ motocicleta

☐ carro   ☐ bicicleta

4 Reescreva as frases substituindo as palavras destacadas por **sinônimos**. Se necessário, faça outras alterações.

a) "alguém vem vindo do sul: é o Carteiro da **comarca** em seu uniforme azul"

_____

b) "e finalmente ele chega a uma casinha **modesta**"

_____

c) "o Carteiro a pé **penetra** no coração da floresta"

_____

d) "mas deixa o chá **intocado**"

_____

e) "que sua cor era **sinistra** e tinha um fedor danado!"

_____

5 O que o carteiro entregou aos Três Ursos e à Bruxa Malvada?

_____

_____

6 Imagine um remetente e um assunto para a carta recebida pelos Três Ursos e escreva abaixo.

_____

_____

_____

_____

_____

_____

_____

_____

_____

7 E a carta da Bruxa Malvada, o que será que dizia? Crie uma carta como a que você imagina que ela recebeu.

_____

_____

_____

_____

_____

_____

Grau do substantivo

Leia o título da notícia a seguir.

https://www2.jornalcruzeiro.com.br/materia/272245/filho-de-peixe-peixinho-ou-peixao-e#:~:text=O%20tamanho%20que%20pessoa%20tem,ser%20altos%20e%20assim%20vai

Filho de peixe, peixinho ou peixão é!

Cruzeiro do Sul, Sorocaba, 20 fev. 2011. Disponível em: https://www2.jornalcruzeiro.com.br/materia/272245/filho-de-peixe-peixinho-ou-peixao-e#:~:text=O%20tamanho%20que%20pessoa%20tem,ser%20altos%20e%20assim%20vai. Acesso em: 22 jun. 2020.

Os graus do substantivo são: **aumentativo** e **diminutivo**.

> O grau do substantivo indica o tamanho maior ou menor do que o normal; também pode indicar a intensidade que se quer dar a algo.

A palavra **peixe** está no grau normal.
A palavra **peixinho** está no grau diminutivo.
A palavra **peixão** está no grau aumentativo.
Conheça alguns exemplos de aumentativos e diminutivos de substantivos.

Grau normal	Grau aumentativo	Grau diminutivo
animal	animalão, animalaço	animalzinho
boca	bocarra, bocão	boquinha
cão	canzarrão	cãozinho
casa	casarão	casinha
corpo	corpanzil	corpinho
fogo	fogaréu	foguinho
homem	homenzarrão	homenzinho
monte	montanha, montão	montículo
muro	muralha	mureta
nariz	narigão	narizinho
rapaz	rapagão	rapazinho

ATIVIDADES

1 Escreva a palavra que originou o aumentativo ou o diminutivo.

a) avezinha

_____

d) casebre

_____

g) frangote

_____

b) homenzinho

_____

e) narigão

_____

h) bocarra

_____

c) meninão

_____

f) lugarejo

_____

i) pelinha

_____

2 Reescreva as frases colocando no aumentativo as palavras destacadas.

a) Que **boca** tem aquele **rapaz**!

_____

b) O **cão** é um **animal** fiel.

_____

c) O **chapéu** do **rapaz** ficou no **muro**.

_____

d) A **mala** deslizou e caiu no **buraco**.

_____

3 Complete corretamente as frases a seguir. Faça como no exemplo.

Cadeirão é o mesmo que cadeira grande.

a) Rapagão é o mesmo que _____.

b) Chapelão é o mesmo que _____.

c) Fogaréu é o mesmo que _____.

4 Escreva o nome das imagens nos graus normal, diminutivo e aumentativo.

a)

Vitalii Hulai/Shutterstock.com

_____

_____

_____

c)

Yellow Cat/Shutterstock.com

_____

_____

_____

e)

Vangelis Vassalakis/Shutterstock.com

_____

_____

_____

b)

sevenke/Shutterstock.com

_____

_____

_____

d)

Py2000/Dreamstime.com

_____

_____

_____

f)

Paket/Shutterstock.com

_____

_____

_____

5 Reescreva as frases substituindo as expressões destacadas pelo termo adequado (aumentativo ou diminutivo).

a) Atrás do **muro enorme** há uma **grande festa**.

_____

_____

b) As **bandeiras pequenas** enfeitavam a **grande sala**.

_____

_____

151

Carta de leitor

Você conhece um gênero chamado carta de leitor?

Planejar

1. Observe a mensagem abaixo enviada por uma leitora à *Revista Ciência Hoje das Crianças*. Preste atenção à estrutura.

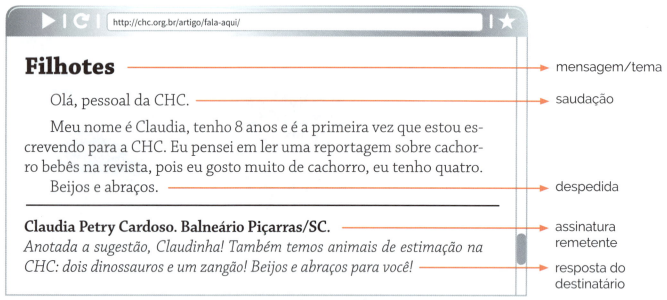

Filhotes. *Ciência Hoje das Crianças*, Rio de Janeiro, c2018. Disponível em: http://chc.org.br/artigo/fala-aqui/. Acesso em: jun. 2020. Publicado em: 30 maio 2018.

Produzir, revisar, compartilhar

1. Agora é a sua vez! Em uma folha à parte, escreva uma carta de leitor para alguma revista ou algum jornal que você conheça para dar sugestões, elogiar o trabalho ou até mesmo fazer reclamações.
2. Não se esqueça de seguir na escrita a estrutura desse tipo de texto.
3. Depois, releia o texto e faça as correções necessárias.
4. Por fim, envie sua carta de leitor ao destinatário, que também pode ser enviada por *e-mail*.

1 Decifre a carta enigmática escrevendo-a em seu caderno.

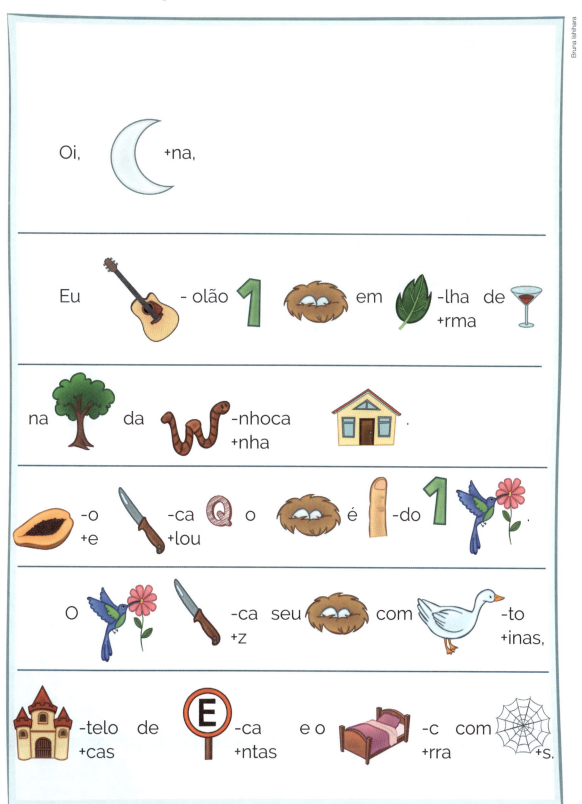

Oi, 🌙 +na,

Eu 🎸 - olão 1 🪹 em 🌿 -lha +rma de 🍸

na 🌳 da 🪱 -nhoca +nha 🏠 .

🍈 -o +e 🔪 -ca +lou Q o 🪹 é 👆 -do 1 🐦🌸 .

O 🐦🌸 🔪 -ca +z seu 🪹 com 🦢 -to +inas,

🏰 -telo +cas de 🅔 -ca +ntas e o 🛏 -c +rra com 🕸 +s.

Bruna Ishihara

153

Leia o texto a seguir. Você sabe dizer para que ele serve?

A cigarra e a formiga

Adaptação teatral da fábula de Monteiro Lobato

(Entram 4 crianças)

Narrador 1: As cigarras e as formigas – fábula de Monteiro Lobato

Narrador 3: A formiga boa

(Formigas entram e começam a trabalhar)

Narrador 2: Houve uma banda de jovens cigarras *(cigarras entram)* que tinham o costume de ensaiar ao pé dum formigueiro.

Cigarra A: Um... Um dois três e... *(Começam a cantar)*

(Formigas se divertem e dançam enquanto trabalham.)

Narrador 2: Só paravam quando cansadinhas; e ficavam felizes quando percebiam que divertiam as formigas que por ali trabalhavam.

(As cigarras param de cantar e as formigas aplaudem)

Formiga 4 *(para Formiga 2)*: Ai, eu adoro eles!

Formiga 2 : Eu também!

(Formigas voltam a trabalhar as Cigarras conversam entre eles sobre o show)

Música:
A formiga, a formiga trabalhava até pifar;
E a cigarra e a cigarra só vivia a cantar.
A cigarra é muito boa que parece uma orquestra,
Ela canta, ela toca e alegra a floresta.

Narrador 3: Mas o bom tempo afinal passou e vieram as chuvas *(efeitos sonoros)*. Os animais todos, arrepiados, passavam o dia cochilando nas tocas. *(Todos saem correndo e as cigarras ficam encolhidas num canto)*

Narrador 4: As pobres cigarras, sem abrigo e com muito frio, foram procurar ajuda. Mancando e tremendo de frio foram ao formigueiro.

Segunda participação dos músicos. Mesma música da cena anterior, mas mais lenta, sombria e grave.

A cigarra, tão alegre, que vivia a cantar,

A coitada, a coitada, no inverso pôs-se a chorar.

Mudar cenário e manter a música até que todas as cigarras se aninhem no canto do palco.

(Formigueiro. Formiguinha 1 e 3 jogam video game. Formiguinha 4 e 5 arrumam. Formiga 2 entra com uma panela)

Formiga 2: Pessoal, a sopa está servida!

Formiga 1 e 3: Oba! *(Toca a campainha)*

Formiga 4: Ué? Quem será?

Formiga 5 *(abrindo a porta)*: Oi! Que querem?

Cigarra A: Viemos em busca de um agasalho. *(tosse)*

Cigarra B: O mau tempo não passa e a gente...

Formiga 4 *(interrompendo)*: E o que fizeram durante o bom tempo, que não construíram a casa de vocês?

Cigarra B *(assoando o nariz)*: A gente cantava, bem sabe somos cantores e...

Formiga 2 *(reconhecendo os músicos)*: Ah! Eram vocês que cantavam nessa árvore enquanto nós trabalhávamos?

[...]

Texto produzido a partir de processo colaborativo em sala de aula. Organização: Janaína Russeff. Disponível em: https://www.teatronaescola.com/index.php/banco-de-pecas/item/a-cigarra-e-a-formiga-adaptacao-teatral-da-fabula-homonia-de-monteiro-lobato. Acesso em: 1 jun. 2020.

BRINCANDO COM O TEXTO

1 Qual é o título do texto?

_____

2 Quantos personagens aparecem no trecho apresentado?

_____

3 Como você descobriu a quantidade de personagens?

_____

4 Esse tipo de texto recebe o nome de texto dramático. É fácil fazer a leitura dele? Por quê?

_____

 **ORTOGRAFIA**

Palavras com r ou rr

1 Complete as palavras com **r** ou **rr**.

a) ____ico

b) ba____ulho

c) p____aia

d) f____ota

e) enxu____ada

f) lua____

g) ba____iga

h) ma____

i) b____inquedo

j) ba____quinho

k) ____edondo

l) ba____anco

2 Escreva o nome das imagens.

a)

Anna Kucherova/ Shutterstock. com

_____

c)

James Steidl/ Dreamstime.com

_____

e)

Richard Lammerts/ Dreamstime.com

_____

b)

Isselee/ Dreamstime. com

_____

d)

Uatp1/ Dreamstime. com

_____

f)

bigacis/ Shutterstock.com

_____

3 Separe as palavras em sílabas.

a) rabanete _____

b) caroço _____

c) carroça _____

d) rede _____

E-mail

Desde muito tempo as pessoas se comunicam por meio de cartas escritas à mão. Antigamente, as cartas demoravam vários dias para chegar a seu destinatário.

Com o avanço da tecnologia e o surgimento da internet, o envio e o recebimento de cartas foram se tornando cada vez menos usuais, dando espaço ao **e-mail** (abreviatura do inglês "*eletronic mail*" traduzido como "correio eletrônico").

O *e-mail* é uma espécie de carta escrita por meio de computadores ou outros equipamentos eletrônicos. Diferentemente da carta, o envio e o recebimento do *e-mail* são imediatos.

Ao escrever um e-*mail*, seguimos quase a mesma estrutura de uma carta.

Veja:

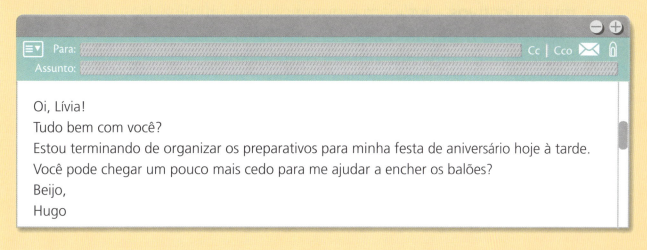

Oi, Lívia!
Tudo bem com você?
Estou terminando de organizar os preparativos para minha festa de aniversário hoje à tarde.
Você pode chegar um pouco mais cedo para me ajudar a encher os balões?
Beijo,
Hugo

1 Que semelhanças e diferenças você identificou entre um e-*mail* e uma carta?

2 Você já escreveu *e-mails*? Para quem?

3 Seus familiares e amigos costumam escrever *e-mails* para se comunicar com pessoas que estão distantes? Para quem eles escrevem?

4 Você acredita que o *e-mail* facilita a comunicação entre as pessoas? Converse com os colegas e o professor a respeito disso.

Numeral

Leia as frases a seguir.

São **quatro** as estações do ano.

Nino mora no **décimo** andar.

Comi **meia** goiaba.

O **triplo** de **quatro** é **doze**.

Nas orações acima, as palavras **quatro**, **décimo**, **meia**, **triplo** e **doze** são numerais. Os numerais classificam-se em:

- **cardinais** – indicam a **quantidade** dos elementos.
  Exemplo: Dora tem **oito** anos.
- **ordinais** – indicam a **ordem** ou a **posição** dos elementos numa série.
  Exemplo: Fui o **primeiro** a chegar.
- **multiplicativos** – indicam a quantidade multiplicada.
  Exemplo: O **triplo** de dois é seis.
- **fracionários** – indicam a quantidade dividida.
  Exemplo: Li **um quarto** do livro.

Veja alguns numerais ordinais e cardinais frequentes.

Cardinal	Ordinal	Cardinal	Ordinal
um	primeiro	nove	nono
dois	segundo	dez	décimo
três	terceiro	onze	décimo primeiro
quatro	quarto	doze	décimo segundo
cinco	quinto	vinte	vigésimo
seis	sexto	trinta	trigésimo
sete	sétimo	quarenta	quadragésimo
oito	oitavo	cinquenta	quinquagésimo

Cardinal	Ordinal	Cardinal	Ordinal
sessenta	sexagésimo	quinhentos	quingentésimo
setenta	septuagésimo	seiscentos	sexcentésimo
oitenta	octogésimo	setecentos	septingentésimo
noventa	nonagésimo	oitocentos	octingentésimo
cem	centésimo	novecentos	nongentésimo
duzentos	ducentésimo	mil	milésimo
trezentos	tricentésimo	milhão	milionésimo
quatrocentos	quadringentésimo	bilhão	bilionésimo

Agora leia alguns dos numerais multiplicativos mais usados.

Cardinal	Multiplicativo	Cardinal	Multiplicativo
dois	duplo ou dobro	oito	óctuplo
três	triplo	nove	nônuplo
quatro	quádruplo	dez	décuplo
cinco	quíntuplo	onze	undécuplo
seis	sêxtuplo	doze	duodécuplo
sete	sétuplo	cem	cêntuplo

Por fim, veja alguns fracionários mais comuns: um milésimo, um cem avos, um centésimo, um vinte avos, um onze avos, um décimo, um nono, um oitavo, um sétimo, um sexto, um quinto, um quarto, um terço, meio, metade.

ATIVIDADES

1 Escreva **C** para os numerais cardinais e **O** para os numerais ordinais.

☐ um   ☐ oitavo   ☐ vinte   ☐ primeiro

☐ treze   ☐ trigésimo   ☐ nono   ☐ trinta e dois

2 Escreva os numerais ordinais correspondentes às imagens.

a) **2º**
_____

c) **40º**
_____

e) **26º**
_____

b) **18º**
_____

d) **5º**
_____

f) **100º**
_____

3 Classifique os numerais abaixo.

a) três _____

b) décimo _____

c) dobro _____

d) quatro _____

e) terço _____

f) triplo _____

g) meio _____

h) dezoito _____

4 Pinte os quadradinhos de acordo com a legenda.

⬤ cardinal   ⬤ ordinal   ⬤ multiplicativo

☐ dez

☐ sétimo

☐ triplo

☐ trinta

☐ sêxtuplo

☐ milésimo

☐ dobro

☐ décimo

☐ cinco

5 Crie frases com os numerais abaixo.

a) cinco cadernos

_____

b) três maçãs

_____

c) décimo lugar

_____

160

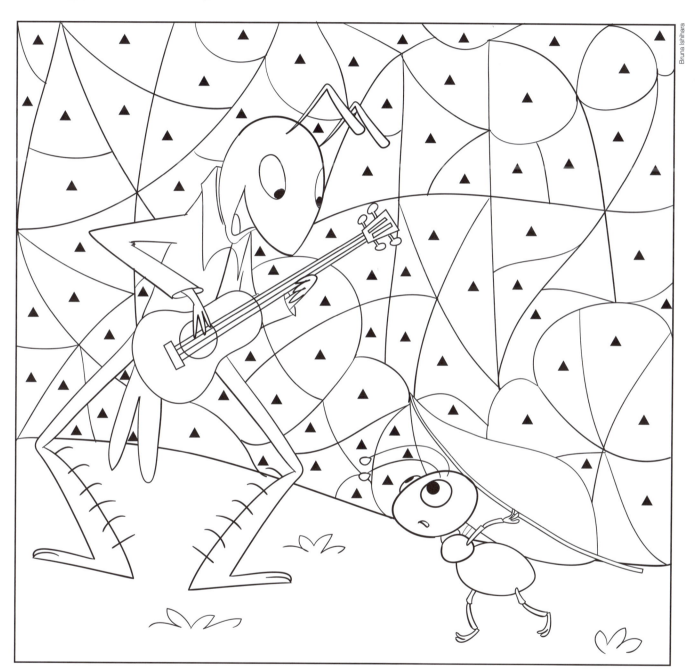

BRINCANDO

1 Pinte os espaços indicados e forme um cenário para a apresentação da cigarra e da formiga.

Bruna Isihara

TEXTO 1

Observe a pintura abaixo. Você a conhece?

Ricardo Ferrari. *Brincadeiras e pipas*, 2016. Óleo sobre tela, 75 cm × 65 cm.

BRINCANDO COM O TEXTO

1 Leia a legenda da obra *Brincadeiras e pipas* e complete a ficha.

Nome da obra: _____

Nome do artista: _____

Ano:_____

Tamanho:_____

Técnica: _____

2 Quantas crianças aparecem na obra?

☐ 6 crianças   ☐ 4 crianças   ☐ 8 crianças

3 O que elas estão fazendo?

_____

_____

4 Além das crianças, que outro ser aparece na obra?

_____

5 Descreva as cores do quadro.

_____

6 E as crianças, como são retratadas?

_____

7 Você acha que as crianças estão se divertindo? Por quê?

_____

8 Você já brincou de alguma das brincadeiras mostradas no quadro? Conte aos colegas e ao professor.

ORTOGRAFIA

S ou z em final de palavra

1 Complete as palavras com **s** ou **z**.

a) pire___

b) víru___

c) cicatri___

d) rapa___

e) capu___

f) lilá___

g) velo___

h) atravé___

i) rai___

j) freguê___

k) cuscu___

l) ani___

2 Escreva o nome das imagens.

a)

_____

c)

_____

e)

_____

b)

_____

d)

_____

f)

_____

Ilustrações: Paula Kranz

3 Complete o quadro com as palavras da atividade 2.

Palavras com **s** no final	
Palavras com **z** no final	

GRAMÁTICA

Adjetivo

Leia as frases a seguir.

O suricato é **valente**.

O javali é **feroz**.

As palavras **valente** e **feroz** caracterizam os substantivos **suricato** e **javali**.

> **Adjetivo** é a palavra que atribui características ao substantivo indicando uma qualidade, expressando sua aparência, aspecto ou mesmo estado.

ATIVIDADES

1 Circule os adjetivos.

a) café gostoso

c) menina inteligente

e) menino educado

b) flor perfumada

d) maçã doce

f) amigo carinhoso

2 Substitua as expressões destacadas pelos adjetivos correspondentes.

a) jardim **com flores**

c) trabalho **da noite**

_____

_____

b) viagem **por mar**

d) gesto **de carinho**

_____

_____

3 Complete as frases como no exemplo.

> Quem tem valentia é valente.

a) Quem tem respeito é _____.

b) Quem tem alegria é _____.

c) Quem tem dedicação é _____.

d) Quem tem felicidade é _____.

e) Quem tem simpatia é _____.

4 Escreva o nome de cada imagem e um adjetivo para cada uma.

a)

_____

b)

_____

c)

_____

5 Acrescente um adjetivo para cada termo destacado.

a) Lilian comprou um **carro** _____ .

b) Aquele **cachorro** _____ brincou o dia inteiro.

c) Chico é um **passarinho** _____.

6 Circule de **azul** os substantivos e de **vermelho** os adjetivos.

a) O cão estava contente.

b) Rodrigo é estudioso e dedicado.

c) Rosa é legal! É uma moça inteligente e corajosa.

d) Meu vizinho tem um jardim florido e bonito.

Leia o título do texto a seguir. Você conhece algum outro texto com o título parecido?

Agora leia o resto do texto.

Declaração universal do moleque invocado

Toda criança tem direito de ter medo de fazer alguma coisa, pensar um troço, sonhar um negócio, atravessar ponte estreitinha, pular valeta, falar uma palavra, ouvir um grito, sentir um cheiro ruim ou estar em algum lugar estranho de vez em quando.

Toda criança tem direito de dormir de luz acesa, tomar banho de banheira, comer assistindo televisão, bater figurinha na mesinha da sala, conversar com bicho de pelúcia [...].

Toda criança tem direito de ter pelo menos uma aula de bateria ou de empinar papagaios ou de escultura com barro quentinho ou de desenho animado ou de carte ou de classificação de selos ou de balé clássico ou de pingue-pongue ou de fabricação de maria-mole, toda hora que achar legal ou estiver aborrecida com alguma coisa que ela não sabe muito bem o que é.

[...]

Toda criança pode fazer coleção do que quiser, incluindo papel de carta ou chocolate, gibi, caco de concha, figurinha, pedaços de pau ou barbante, bola de gude, carrinhos miniatura, moedas, meias, rádios quebrados, tampinha de garrafa, selo, *video game* ou parafuso enferrujado.

Fernando Bonassi. *Declaração universal do moleque invocado*. São Paulo: Cosac Naify, 2001. p. 15-16.

Susan Morisse

167

BRINCANDO COM O TEXTO

1 A qual documento o título do texto faz referência?

_____

_____

2 No texto há alguma palavra que você não conhece? Se sim, pesquise seu significado e escreva-o.

_____

_____

3 O autor repete a expressão **toda criança** para enfatizar que:

☐ só crianças entre 8 e 9 anos têm direito às atividades mencionadas.

☐ qualquer criança tem direito às atividades mencionadas.

4 Escreva **V** se a afirmação for verdadeira ou **F** se for falsa.

☐ No primeiro parágrafo, o autor afirma que criança não pode ter medo de nada, mas deve sonhar e pensar.

☐ No terceiro parágrafo, o autor faz uma lista de atividades que toda criança pode aprender.

☐ No quinto, o autor faz uma lista de objetos que toda criança pode colecionar.

☐ Em nenhum dos parágrafos o autor menciona atividades adequadas para crianças.

5 O que você acrescentaria às listas que o autor fez?

_____

_____

_____

ATIVIDADES

1 Sublinhe os substantivos comuns e circule os substantivos próprios.

a) Nasci em Roraima, mas moro no Paraná.

b) Foi Paulo quem quebrou aquela garrafa.

c) Pinduca é o meu cachorro.

d) Vou ao mercado comprar frutas, leite e pão.

2 Escreva as palavras a seguir nos graus diminutivo e aumentativo.

a) bicho _____ _____

b) pirulito _____ _____

c) jarra _____ _____

d) fogo _____ _____

3 Assinale, em cada item, a palavra que **não** está no grau diminutivo.

a) ☐ carrinho ☐ caminho ☐ garotinha ☐ copinho

b) ☐ caminha ☐ gatinho ☐ moinho ☐ riozinho

c) ☐ rainha ☐ garrafinha ☐ cafezinho ☐ canetinha

d) ☐ cestinha ☐ florzinha ☐ andorinha ☐ peixinho

4 Assinale o coletivo de cada palavra.

a) **ilhas** ☐ molho ☐ cardume ☐ arquipélago

b) **livros** ☐ exército ☐ biblioteca ☐ alcateia

c) **artistas** ☐ elenco ☐ enxame ☐ cáfila

d) **porcos** ☐ constelação ☐ vara ☐ esquadra

Grau do adjetivo

Leia as frases a seguir.

A pitaia é uma fruta gostosa.

A romã é uma fruta gostosa.

A característica das frutas pode ser comparada. Observe:

A pitaia é **mais** gostosa **que** a romã.

A pitaia é **menos** gostosa **que** a romã.

A pitaia é **tão** gostosa **quanto** a romã.

Dizemos, então, que o adjetivo **gostosa** nos exemplos acima está no grau **comparativo**.

O **comparativo** pode ser:

- de superioridade – quando usamos **mais que** ou **mais do que**;
- de inferioridade – quando usamos **menos que** ou **menos do que**;
- de igualdade – quando usamos **tão... quanto** ou **tanto... quanto**.

Para expressar os comparativos dos adjetivos **bom**, **ruim**, **pequeno** e **grande**, usamos as palavras **melhor**, **pior**, **menor** e **maior**.

Agora, observe a frase: Esta flor é **lindíssima**.

Nela, o adjetivo **lindíssima** expressa a característica em um **grau muito elevado**.

Dizemos que o adjetivo **lindíssima** está no grau **superlativo absoluto**.

Conheça alguns superlativos absolutos:

agradável → agradabilíssimo		**gentil** → gentilíssimo	
alto → altíssimo		**célebre** → celebérrimo	
amável → amabilíssimo		**doce** → dulcíssimo	
amigo → amicíssimo		**novo** → novíssimo	
baixo → baixíssimo		**pouco** → pouquíssimo	
bom → boníssimo		**rico** → riquíssimo	
cheio → cheiíssimo		**pobre** → paupérrimo	
fácil → facílimo		**triste** → tristíssimo	
feliz → felicíssimo		**útil** → utilíssimo	
fraco → fraquíssimo			

ATIVIDADES

1 Escreva os adjetivos nos graus solicitados.

alegre

a) Superioridade: _____.

b) Inferioridade: _____.

c) Igualdade: _____

difícil

a) Superioridade: _____.

b) Inferioridade: _____.

c) Igualdade: _____.

rápido

a) Superioridade: _____.

b) Inferioridade: _____.

c) Igualdade: _____.

2 Crie frases usando o grau comparativo de igualdade, como no exemplo:

> mamãe – corajosa – titio
> Mamãe é tão corajosa quanto titio.

a) café – doce – leite

_____

_____

b) Esta caixa – pesada – a outra

_____

_____

3 Faça o mesmo com os conjuntos abaixo, só que agora empregando o grau comparativo de inferioridade.

a) laranja – doce – manga

_____

_____

b) Bruno – atento – Alê

_____

_____

4 Reescreva as frases abaixo usando corretamente o grau do adjetivo.

a) Carlos é mais grande que Lauro.

_____

b) O carrinho é mais pequeno que a bicicleta.

_____

c) Dia de chuva é mais ruim do que dia de sol.

_____

5 Organize as frases a seguir empregando o grau comparativo de superioridade para cada grupo de palavras.

a) Carlos – forte – Paulo

_____

_____

b) banana – saborosa – mamão

_____

_____

6 Crie frases usando o adjetivo no grau comparativo indicado entre parênteses.

a) alto (igualdade)

_____

_____

b) belo (inferioridade)

_____

_____

c) feliz (superioridade)

_____

_____

7 Complete o diagrama de palavras com o superlativo dos adjetivos a seguir.

1. Pobre
2. Bom
3. Amável
4. Difícil
5. Simpático
6. Rico

173

BRINCANDO

1 Recorte as peças do quebra-cabeça da página 281, monte a imagem e depois cole-as no quadro abaixo.

BRINCANDO COM A CRIATIVIDADE

Texto dramático

Você leu um trecho do texto dramático *A cigarra e a formiga*, uma adaptação da fábula de mesmo nome de Monteiro Lobato.

Planejar

1. Vamos analisar o texto?
   - Qual é a função desse tipo de texto?
   - Quais são os personagens?
   - O que eles estão fazendo?
   - Para que esse texto foi produzido?
2. Leia o texto completo com o professor e os colegas.
3. Em seguida, leia-o novamente de acordo com as orientações do professor.
4. Verifique a estrutura de produção de um texto dramático:
   - título da obra; autor; gênero; personagens; enredo.

Produzir, revisar, compartilhar

1. Após a leitura, você fará uma análise coletiva do texto com a turma. Depois, seguindo as etapas de produção de texto, você e seus colegas farão juntos as alterações e complementações que julgarem necessárias.

Claudia Marianno

2. Adeque os personagens, defina o cenário, verifique se há lógica nas ações que ocorrem, no desfecho da cena etc.
3. Revise o texto.
4. Você e sua turma podem fazer uma leitura dramática do texto final.

ORALIDADE

Teatro

1. Prepare-se para encenar o texto dramático *A cigarra e a formiga*. Siga as orientações do professor para a apresentação.

TEXTO 1

Leia o poema a seguir.

Apresentação

(Sextilhas)

Trago rimas saborosas
Bem mais doces do que mel
Com estrofes muito ricas
E a voz do **menestrel**
Apresento o universo
Do repente do cordel.

O cordel é diferente
Do repente improvisado
O cordel é sempre escrito
Em folheto e declamado
O repente é improviso
Sem ter nada decorado.

GLOSSÁRIO

Menestrel: poeta ou músico que entoa poemas e canções.

Biry Sarkis

[...]

Mas o nome do "cordel"
Provém lá de Portugal
Os cordéis ali ficavam
Pendurados num varal
No Brasil é diferente
"Folheto" é o nome usual.

[...]

Quem escreve o cordel
É chamado cordelista
E quem canta improvisado
É chamado repentista
Seja escrito ou de improviso
Rimas são a sua pista.

Biry Sarkis

Rimas são terminações
Que possuem o mesmo som
Por exemplo "tédio" e "prédio"
"Batom" rima com "bombom"
"Céu" não rima com "cresceu"
Nem "feijão" rima com "dom".

Xilogravura na capa
O folheto recebeu
Um desenho na madeira
Que o verso engrandeceu
Acho que você é capaz
De também fazer o seu...
[...]

César Obeid. *Vida rima com cordel*. São Paulo:
Salesiana, 2007. p. 6, 8 e 11.

BRINCANDO COM O TEXTO

1 Qual é o título do poema?

_____

2 O que é apresentado no poema?

_____

_____

3 Em relação ao poema, escreva o número de:

☐ estrofes; ☐ versos.

4 Quantos versos há em cada estrofe?

_____

5 Releia a primeira estrofe do poema.

> Trago rimas saborosas
> Bem mais doces do que mel
> Com estrofes muito ricas
> E a voz do menestrel
> Apresento o universo
> Do repente do cordel.

Biry Sarkis

a) Copie as rimas que aparecem nessa estrofe.

_____

_____

b) Em que versos ocorrem as rimas?

_____

_____

6 Volte ao poema das páginas 176 e 177 e copie as palavras que rimam nas demais estrofes.

a) 2ª estrofe: _____.

b) 3ª estrofe: _____.

c) 4ª estrofe: _____.

d) 5ª estrofe: _____.

e) 6ª estrofe: _____.

7 Releia a estrofe a seguir.

> Rimas são terminações
> Que possuem o mesmo som
> Por exemplo "tédio" e "prédio"
> "Batom" rima com "bombom"
> "Céu" não rima com "cresceu"
> Nem "feijão" rima com "dom".

Biry Sarkis

a) **Céu** contém as mesmas letras do final de **cresceu**. Por que elas não rimam entre si?

_____

_____

_____

b) Retire do próprio texto três palavras que rimam com **céu**.

_____

_____

8 Busque em um dicionário o significado da palavra **xilogravura** e anote-o.

_____

_____

_____

Pronome

Observe as imagens e leia as frases.

Nós jogamos juntos.

Esta é Marina.
Ela é engenheira.

Na primeira frase, a palavra **nós** indica quem fala.
Na segunda frase, a palavra **ela** substitui o nome Marina.
Nós e **ela** estão no lugar dos nomes.

> Palavras que substituem nomes ou substantivos são chamadas de **pronomes**.

Esses pronomes – **nós** e **ela** – são chamados de **pessoais**, porque se referem às **pessoas** gramaticais.

- 1ª pessoa – quem fala (eu, nós);
- 2ª pessoa – quem ouve (tu, vós);
- 3ª pessoa – de quem se fala (ele, ela, eles, elas).

Os pronomes pessoais podem ser:

- do caso reto;
- do caso oblíquo;
- de tratamento.

Pronomes pessoais

	Caso reto	Caso oblíquo
1ª pessoa do singular	eu	me, mim, comigo
2ª pessoa do singular	tu	te, ti, contigo
3ª pessoa do singular	ele, ela	o, a, lhe, se, si, consigo
1ª pessoa do plural	nós	nos, conosco
2ª pessoa do plural	vós	vos, convosco
3ª pessoa do plural	eles, elas	os, as, lhes, se, si, consigo

Pronomes de tratamento

Alguns pronomes de tratamento:

- tratamento de respeito para as pessoas em geral: senhor (sr.), senhora (sra.), senhorita (srta.);
- colegas e amigos: você;
- altas autoridades: Vossa Excelência (V. Exa.);
- príncipes e princesas: Vossa Alteza (V. A.);
- reis e imperadores: Vossa Majestade (V. M.).

ATIVIDADES

1 Circule os pronomes pessoais do caso reto.

senhorita	ele	nós	lhe	senhor	mim
eu	contigo	vós	eles	tu	convosco

2 Escreva os pronomes que você circulou na ordem correta.

_____

_____

3 Reescreva as frases empregando corretamente os pronomes pessoais do caso oblíquo. Faça como no modelo:

> Fiz um bolo e vou assar.
> Fiz um bolo e vou assá-lo.

a) Comprei um bombom e vou comer.

_____

b) Peguei o pássaro e vou soltar.

_____

c) Vi o peixinho e tentei pegar.

_____

d) Ganhei uma bolsa e vou usar.

_____

e) Tenho água e vou beber.

_____

4 Atribua às formas verbais o número adequado de acordo com os pronomes pessoais correspondentes.

(1) Eu   (3) Ele, ela   (5) Vós

(2) Tu   (4) Nós   (6) Eles, elas

☐ falamos   ☐ dorme   ☐ sonhais

☐ parou   ☐ sorrimos   ☐ tens

☐ escutamos   ☐ cantaram   ☐ fizestes

☐ amo   ☐ perguntei   ☐ manteve

☐ perguntam   ☐ brincas   ☐ querem

5 Assinale os pronomes pessoais que preenchem adequadamente as lacunas e copie-os nos espaços para completar a frase.

a) _____ falamos com_____ no intervalo.

◯ Eles/tu   ◯ Nós/ele   ◯ Ele/nós

b) _____ foi_____ ao mercado.

◯ Nós/consigo   ◯ Tu/convosco   ◯ Ela/comigo

c) Quando você _____ telefonou, _____ estava dormindo.

◯ te/tu   ◯ nos/eles   ◯ me/eu

6 Circule os pronomes de acordo com a classificação:

🔵 do caso reto   🟡 do caso oblíquo   🟢 de tratamento

a) Vocês estão satisfeitos comigo.

b) A senhora quer brincar com vocês.

c) Elas vão até a escola de carro.

d) Vera e eu nos conhecemos na igreja.

e) Ela lhe disse tudo.

7 Reescreva trocando o que está destacado por **nós**, **ele**, **ela**, **eles** ou **elas**.

a) **A gata** deu cria.

_____

b) **Os meninos** são espertos.

_____

c) **Mauro e eu** somos irmãos.

_____

d) **Ana** é boa amiga.

_____

ORTOGRAFIA

Palavras com s ou z

1 Escreva o nome das imagens.

a)

_____

c)

_____

e)

_____

b)

_____

d)

_____

f)

_____

2 Complete as palavras com **s** ou **z** e copie-as em seguida.

a) certe _____ a

_____

c) vi _____ ão

_____

e) _____ elo

_____

b) ca _____ amento

_____

d) be _____ ouro

_____

f) a _____ ar

_____

3 Complete as palavras com **isar** ou **izar**.

a) av_____

d) fiscal_____

g) atual_____

b) canal_____

e) al_____

h) fr_____

c) especial_____

f) ideal_____

i) paral_____

Leia o poema a seguir.

O menino Lê

No dia em que nasceu
Sua mãe o batizou:
Leandro Gomes de Barros.
Nome em verso! Ela pensou.
Mas como era um nome grande
Foi de Lê que ela o chamou.

E de Lê ela o chamava
Mesmo quando ele cresceu.
Um dia gritou: Leandro!
Porque este mereceu:
Tinha sumido a brincar
Nem em casa apareceu.

E nem bem Lê acordava
Ia brincar de sonhar.
Não voltava pro almoço
Nem na hora do jantar.
Sua mãe desesperada
Vinha louca a chamar.

[...]

Pois então só dava as caras
Depois de ser campeão
Em corrida de um pé só
Sopapo, pipa e pião
Em tombo, queda de braço
Queimada e arranhão.

[...]

Aquele menino Lê
Assim sendo apelidado,
Cresceu Leandro poeta.
Hoje em dia é chamado:
Leandro Gomes de Barros,
E por todos respeitado!

André Salles Coelho. *O menino Lê*. Belo Horizonte: Dimensão, 2005. p. 7-8 e 27.

Caco Bressane

BRINCANDO COM O TEXTO

1 Pesquise no dicionário um sinônimo para cada palavra a seguir.

a) Arranhão: _____

b) Sopapo: _____

c) Tombo: _____

2 Qual é o título do texto?

_____

_____

3 Qual é o nome do menino?

_____

_____

4 Por que a mãe dele o chamava de Lê?

_____

_____

5 Por que a mãe dele o chamou de Leandro?

_____

_____

6 Em quais brincadeiras Leandro era sempre o campeão?

_____

_____

7 O que aconteceu quando o menino Lê cresceu?

_____

_____

Verbo

Leia as frases.

Eu **leio** bastante.   **Amanheceu**.   A comida **está** quente.

As palavras **leio**, **amanheceu** e **está** são verbos.
O verbo **ler** indica a ação da menina.
O verbo **amanhecer** indica um fenômeno da natureza.
O verbo **estar** indica o estado da comida.

> **Verbo** é uma classe de palavra que indica **ação**, **estado** ou **fenômeno da natureza**.

O verbo expressa: **pessoa**, **número**, **tempo**, **modo**.
São três as pessoas:
- **1ª pessoa** – quem fala (eu, nós);
- **2ª pessoa** – quem ouve (tu, vós);
- **3ª pessoa** – de quem se fala (ele/ela, eles/elas).

São dois os números:
- **singular** – uma só pessoa (eu, tu, ele/ela);
- **plural** – mais de uma pessoa (nós, vós, eles/elas).

São três os tempos:
- **passado** ou **pretérito** (ontem);
- **presente** (hoje);
- **futuro** (amanhã).

São três os modos:
- **indicativo** – indica certeza;
- **subjuntivo** – indica dúvida;
- **imperativo** – indica ordem ou pedido.

São três as conjugações:
- 1ª – o infinitivo termina em **ar**, como **brincar**;
- 2ª – o infinitivo termina em **er**, como **ler**;
- 3ª – o infinitivo termina em **ir**, como **partir**.

 ATIVIDADES

1 Circule no quadro apenas as palavras que são verbos.

linear	sair	pôr	mulher	compor
dispor	isopor	juntar	amar	ver
dar	sorrir	azar	talher	altar
lombar	comer	Nadir	calor	bater

2 Escreva as palavras que você circulou em ordem alfabética.

_____

_____

_____

3 Escreva o verbo correspondente. Observe o exemplo.

> escritor ⟶ escrever

a) nadador _____

b) trabalhador _____

c) comprador _____

d) morador _____

e) ganhador _____

f) comedor _____

g) vendedor _____

h) corredor _____

i) entregador _____

j) monitor _____

4 Pinte de cores iguais as palavras que pertencem ao mesmo verbo.

sobe	escreve	fala	canta
visitar	chove	cantar	escrever
falar	trabalha	subir	chover
partir	trabalhar	visita	parte

5 Complete com um verbo que indique ação.

a) O cozinheiro _____ a comida.

b) A dentista _____ dos dentes.

c) O pianista _____ piano.

d) A diretora _____ a empresa.

6 Sublinhe os verbos das frases.

a) Marcelo estuda as lições.

b) Janaína andou de bicicleta.

c) Lia recebeu a carta.

d) Marta dorme cedo.

e) Ontem choveu muito.

f) Celeste quebrou a garrafa.

g) Lúcia apanhou o gatinho.

h) Mamãe beijou o bebê.

Cordel

Você já leu cordéis?

Planejar

1. Leia os cordéis que o professor irá apresentar e preste atenção nas seguintes informações:

> Rima: fácil e difícil ou pobre e rica.
> Estrofes (mais comuns): quadra, sextilha, septilha, décima.
> Oração: história com início, meio e fim.
> Métrica: é a contagem de sílabas em um verso.

2. Faça a mesma análise com os vídeos de apresentação de cordéis mostrados pelo professor.
3. Contextualização: O que escrever? Um cordel que fará parte de um folheto impresso. Para quem escrever? Para as crianças da comunidades escolar. Onde circulará? Na biblioteca da escola.

Produzir, revisar e compartilhar

1. Em grupo, façam uma tabela com a lista de questões que representam o cotidiano do lugar onde vivem.

2. Escolham o que e como será escrito com base na lista de questões.
3. Revisem o texto verificando se está de acordo com a estrutura do cordel, se tem rima, métrica etc.
4. Façam os ajustes necessários de acordo com o que foi percebido na revisão.
5. Digitem o texto e entreguem-no ao professor.

Biry Sarkis

190

ORALIDADE

Leitura de cordel

1. Chegou o grande momento! Você e seu grupo farão a apresentação do cordel que escreveram para os colegas e o professor.

PEQUENO CIDADÃO

Literatura de cordel

Desde que foi criada, a internet tem sido usada como meio de divulgação e acesso à diversidade cultural de nosso país. Com a literatura de cordel não foi diferente!

Além de autores de cordel divulgarem seus textos em *sites*, há também instituições que cuidam de divulgar essas produções artísticas.

Uma delas, por exemplo, é a Academia Brasileira de Literatura de Cordel (ABLC). Ela fica na cidade do Rio de Janeiro, mas também mantém um *site* (www.ablc.com.br), no qual é possível encontrar vários cordéis, xilogravuras, pequenas biografias, loja de folhetos de cordéis etc.

1 Que outros *sites* como esse você conhece?

_____

_____

2 O que esses *sites* ajudam a divulgar?

_____

_____

_____

3 Você acredita que esses *sites* são úteis para pesquisar informações importantes? Converse com os colegas e o professor a respeito disso.

A **TEXTO 1**

Você conhece o personagem do texto abaixo?
Leia um trecho do texto.

O Pequeno Príncipe

Certa vez, quando tinha seis anos, vi num livro sobre a Floresta Virgem, *Histórias vividas*, uma imponente gravura. Representava ela uma jiboia que engolia uma fera. Eis a cópia do desenho.

Ilustrações: Antoine de Saint-Exupéry

Dizia o livro: "As jiboias engolem, sem mastigar, a presa inteira. Em seguida, não podem mover-se e dormem os seis meses da digestão". Refleti muito então sobre as aventuras da selva, e fiz, com lápis de cor, o meu primeiro desenho. Meu desenho número 1 era assim:

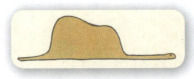

Mostrei minha obra-prima às pessoas grandes e perguntei se o meu desenho lhes fazia medo. Responderam-me: "Por que é que um chapéu faria medo?". Meu desenho não representava um chapéu. Representava uma jiboia digerindo um elefante. Desenhei então o interior da jiboia, a fim de que as pessoas grandes pudessem compreender. Elas têm sempre necessidade de explicações. Meu desenho número 2 era assim:

As pessoas grandes aconselharam-me deixar de lado os desenhos de jiboias abertas ou fechadas, e dedicar-me de preferência à geografia, à história, ao cálculo, à gramática. Foi assim que abandonei, aos seis anos, uma esplêndida carreira de pintor. Eu fora desencorajado pelo insucesso do meu desenho número 1 e do meu desenho número 2. As pessoas grandes não compreendem nada sozinhas, e é cansativo, para as crianças, estar toda hora explicando. Tive pois de escolher uma outra profissão e aprendi a pilotar aviões. Voei, por assim dizer, por todo o mundo. E a geografia, é claro, me serviu muito. Sabia distinguir, num relance, a China e o Arizona. É muito útil, quando se está perdido na noite.

[...]

Antoine de Saint-Exupéry. *O Pequeno Príncipe*. Rio Branco: Ufac, 2016. Disponível em: https://5ca0e999-de9a-47e0-9b77-7e3eeab0592c.usrfiles.com/ugd/5ca0e9_4f0dc25362284aa6b917c93a1e1708ba.pdf. Acesso em: 23 jun. 2020.

BRINCANDO COM O TEXTO

1 Em que foi inspirado o desenho número 1 do autor?

_____

_____

2 O que ele desenhou? E o que acharam que era o desenho dele?

_____

_____

3 Por que o autor abandonou a "esplêndida carreira de pintor"?

_____

_____

4 Qual foi a profissão escolhida pelo autor?

_____

5 Qual disciplina foi útil na carreira de piloto?

_____

Conjugação em –ar

Leia as frases.

Linelson **comprou** alimentos.

Rubens **caminha.**

Fátima **viajará.**

Os verbos **comprar**, **caminhar** e **viajar** são verbos da **1ª conjugação** porque terminam em **-ar**, modo verbal chamado **infinitivo**.

Linelson compr**ou** alimentos.
Rubens caminh**a**.
Fátima viajar**á**.

A terminação dos verbos acima está informando o tempo em que acontecem os fatos (comprou, caminhada, viajará):

- 1º já aconteceu, é **passado** (ou pretérito) – compr**ou**;
- 2º acontece agora ou atualmente, é **presente** – caminh**a**;
- 3º ainda não aconteceu, é **futuro** – viajar**á**.

Verbo viajar

Presente	Pretérito	Futuro
Eu viajo	Eu viajei	Eu viajarei
Tu viajas	Tu viajaste	Tu viajarás
Ele/Ela viaja	Ele/Ela viajou	Ele/Ela viajará
Nós viajamos	Nós viajamos	Nós viajaremos
Vós viajais	Vós viajastes	Vós viajareis
Eles/Elas viajam	Eles/Elas viajaram	Eles/Elas viajarão

ATIVIDADES

1 Pinte o quadradinho de cada frase de acordo com o tempo do verbo. Siga o código de cores.

🟢 presente   🟡 pretérito   🔴 futuro

☐ Compro biscoitos.   ☐ Eu sonho muito.

☐ Dançaremos na festinha.   ☐ Eles escutaram a conversa.

☐ Estudaste a lição?   ☐ Eles escutarão a música?

2 Complete as frases com os verbos no tempo pretérito, de acordo com o que as pessoas fazem. Use um verbo da 1ª conjugação.

a) O dentista _____ meus dentes.

b) A professora _____ a lição.

c) Papai _____ cedo.

d) A pedestre _____ na calçada.

3 Complete as frases com o primeiro verbo no passado e o segundo verbo no futuro. Depois, copie-as. Observe o modelo.

> Ontem eles não viajaram de ônibus, mas amanhã eles viajarão.

a) Ontem as meninas não _____, mas amanhã elas _____.

_____

b) Ontem os homens não _____, mas amanhã eles _____.

_____

4 Complete com as formas verbais pedidas.

a) Eu_____ o obstáculo. (**saltar** – passado)

b) Nós _____ frutas. (**comprar** – futuro)

c) Ela _____ na rua. (**andar** – presente)

195

d) Elas _____ com ele. (**falar** – futuro)

e) Você _____ de emoção. (**chorar** – passado)

f) Tu _____ sem necessidade. (**gritar** – presente)

Fábula

Você gosta de fábulas? Em grupo, você escreverá uma fábula, utilizando como personagens os animais do texto *O Pequeno Príncipe*.

Planejar

1. Definam para quem o texto será escrito e onde irá circular.

2. Planejem o texto de acordo com a estrutura.

- Os personagens são animais com características próprias dos seres humanos (positivas ou negativas).
- Traz uma moral ou um ensinamento (geralmente no final).
- Todas as ações são importantes para o entendimento do enredo.

Produzir, revisar e compartilhar

1. Em uma folha à parte, escrevam o texto de acordo com as ideias do grupo.

2. Releiam o texto para corrigir o que estiver errado. O professor também pode ajudar na revisão e fazer sugestões de melhoria.

3. Façam as correções necessárias.

4. Vocês irão contar a fábula.

Reconto

1. O grupo irá recontar para a turma uma das fábulas ouvidas, conforme orientação do professor.

Leia a sinopse de um filme de animação.

Os sem-floresta

A primavera chegou, o que faz com que os animais da floresta despertem da hibernação. Ao acordar, eles logo têm uma surpresa: surgiu ao redor de seu hábitat natural uma grande cerca verde. Inicialmente, eles temem o que há por detrás da cerca, até que RJ (Marcelo Sandryni) revela que foi construída uma cidade ao redor da floresta em que vivem, que agora ocupa apenas um pequeno espaço. RJ diz, ainda, que no mundo dos humanos há as mais diversas guloseimas, convencendo os demais a atravessar a cerca. Entretanto, esta atitude desagrada o cauteloso Verne (Clécio Couto), que achava melhor permanecer onde estavam inicialmente.

BRINCANDO COM O TEXTO

1 Procure no dicionário o significado das palavras a seguir.

a) Hibernação: _____

_____

_____

b) Hábitat: _____

_____

_____

2 Reescreva a frase substituindo o termo destacado por outra palavra de mesmo sentido e faça os ajustes necessários.

> A primavera chegou, o que faz com que os animais da **floresta** despertem da hibernação.

_____

_____

3 Como ficaria o título do filme com o mesmo sinônimo que você usou na resposta da questão anterior?

_____

4 No cartaz há a seguinte frase:

> Fique louco por eles!

■ Em sua opinião, o que essa frase significa?

_____

_____

5 Observe novamente o cartaz e assinale a alternativa correta.

☐ O cartaz apresenta alguns animais e apenas um ser humano, o que indica que os animais estão dominando o mundo.

☐ No cartaz há muitas áreas verdes e poucas construções humanas, por isso o título do filme deveria ser outro.

☐ No cartaz há casas, um caminhão e uma rua asfaltada, o que mostra que os animais estão fora de seu hábitat natural.

6 Por que o fato de haver "as mais diversas guloseimas" no mundo dos humanos convence os animais a atravessar a cerca? Converse com os colegas e o professor sobre isso.

1 Recorte, da página 283 do encarte, os elementos (seres e objetos) que você quer que façam parte da floresta e cole-os onde desejar. Se quiser, pode também desenhar na cena.

Marlon Tenório

TEXTO 1

Com base no título do texto e na imagem que o acompanha, você acha que ele vai tratar de que assunto?

Leia o texto a seguir.

Superligado

Pedro vivia ligado.

Ligado em *video game*, computador, celular, televisão.

Tudo o que chegava pelo fio ou pelo ar deixava o menino animado.

Fotos, vídeos, músicas, desenhos.

Mas o que ele preferia mesmo era jogar. Nada de futebol, queimada ou tabuleiro. Para participar, ele só precisava mexer duas partes bem pequenas do corpo.

O dedo número 1.

O dedo número 2.

Era muito fácil. Pedro movia os dedos e as personagens faziam tudo para ele.

Elas podiam pegar coisas.

Fugir dos inimigos.

Fazer um castelo.

E até um lago cheio de crocodilos.

Sempre que elas faziam uma coisa certa, Pedro ganhava.

Pontos...

Thiago Lopes

Estrelas...

Poderes mágicos...

No mundo que existia fora da máquina, era bem mais complicado.

Não dava para pegar tudo.

Não dava para escapar de todas as coisas ruins.

Desenhar um castelo podia demorar mais. Porque o papel e o lápis são de verdade e o menino também.

[...]

Então Pedro preferia brincar dentro da máquina.

Se ele ganhava, ficava feliz.

Daí jogava de novo para ficar contente outra vez.

Se ficava fácil, era só mudar de etapa.

E depois passar para outra, depois outra e mais outra.

Nem quando ele perdia desistia.

O menino ficava nervoso, nem comia direito, queria jogar mais para vencer da próxima vez.

Aquele parecia o mundo perfeito.

Dava para ser o que ele quisesse.

Jogador de futebol, lutador, piloto e herói.

Dava para fazer o que tinha vontade. Bater, correr, fugir ou pular obstáculos.

Pedro não queria mais parar.

Jogava no quarto dele. E também quando estava fora de casa.

Na casa do amigo, do vizinho, da tia. O que dava para ligar, ele ligava.

[...]

Cassiana Pizaia, Rima Awada e Rosi Vilas Boas. *Superligado*. Ilustrações: Thiago Lopes. São Paulo: Editora do Brasil, 2016. p. 5, 6, 8, 10 e 12. (Coleção Crianças na Rede).

Thiago Lopes

1 Reescreva as frases usando antônimos dos termos destacados.

a) Sempre que elas faziam uma coisa **certa**, Pedro **ganhava**.

_____

b) No mundo que existia **fora** da máquina, era bem mais **complicado**.

_____

c) Se ficava **fácil**, era só mudar de etapa.

_____

d) Aquele parecia o mundo **perfeito**.

_____

2 No trecho "Pedro preferia brincar dentro da máquina", a que tipo de máquina o narrador se refere?

☐ A brinquedos de parques de diversão, como montanhas-russas.

☐ A carros, caminhões, tratores e outros veículos.

☐ A dispositivos como _video game_, computador, _tablet_ e celular.

3 O protagonista tinha outras formas de se divertir? Quais? Justifique sua resposta.

_____

_____

_____

4 Escreva o que Pedro ganhava ao jogar.

_____

_____

_____

_____

5 Releia o trecho:

> Pedro não queria mais parar.
> Jogava no quarto dele. E também quando estava fora de casa.
> Na casa do amigo, do vizinho, da tia. O que dava para ligar, ele ligava.

- Em sua opinião, que sentido tem essa parte? Justifique sua resposta.

_____

_____

_____

_____

6 Com a ajuda dos jogos eletrônicos, Pedro podia ser e fazer o que quisesse.

Podemos fazer isso de outra forma, usando apenas uma coisa. Preencha os quadradinhos com os personagens que Pedro gostava de ser e descubra a resposta.

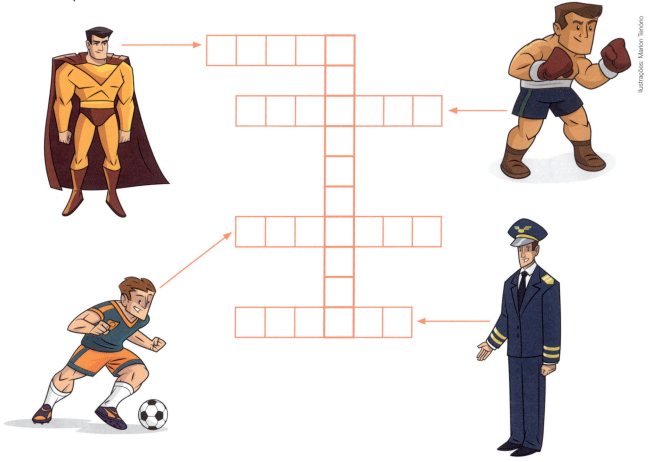

Ilustrações: Marlon Tenório

Conjugação em –er

Observe as fotografias e leia as frases.

Henrique **bebeu** o leite.   Paula **bate** a bola.   Gabriel **aprenderá** bem.

Os verbos **beber**, **bater** e **aprender** pertencem à **2ª conjugação** porque seu infinitivo termina em **-er**.

A terminação do verbo informa **quando** aconteceu o fato de comer:

- o 1º já aconteceu, é **passado** – beb**eu**;
- o 2º acontece agora ou atualmente, é **presente** – bat**e**;
- o 3º ainda não aconteceu, é **futuro** – aprender**á**.

Verbo aprender

Presente	Pretérito	Futuro
Eu aprendo	Eu aprendi	Eu aprenderei
Tu aprendes	Tu aprendeste	Tu aprenderás
Ele/ela aprende	Ele/ela aprendeu	Ele/ela aprenderá
Nós aprendemos	Nós aprendemos	Nós aprenderemos
Vós aprendeis	Vós aprendestes	Vós aprendereis
Eles/elas aprendem	Eles/elas aprenderam	Eles/elas aprenderão

ATIVIDADES

1 Escreva o tempo dos verbos das frases a seguir.

a) Eu comi. _____

b) Nós escreveremos. _____

c) Vocês vendem. _____

2 Complete corretamente com as formas verbais pedidas.

a) Eu _____. (**correr**, pretérito)

b) Nós _____. (**vender**, presente)

c) Eu _____. (**viver**, futuro)

d) Eles _____. (**correr**, presente)

3 Escreva as formas verbais no **presente** e depois no **futuro**.

a) Ele venceu.

_____

_____

b) Ela escreveu.

_____

_____

c) Vocês tremeram.

_____

_____

d) Tu vendeste.

_____

_____

4 Empregue os verbos no tempo **futuro**, como no modelo.

> Eu venderei a bola e escreverei a carta.

a) Tu _____ a mesa e _____ o texto.

b) Ele _____ a mesa e _____ o texto.

c) Nós _____ a mesa e _____ o texto.

d) Vós _____ a mesa e _____ o texto.

e) Eles _____ a mesa e _____ o texto.

5 Reescreva as frases a seguir colocando os verbos no futuro.

a) Venderam o sítio de Hugo.

_____

b) Eles socorreram o ferido.

_____

c) Meus amigos entenderam o filme.

_____

d) Elas correram no parque.

_____

e) As frutas amadureceram no fim de semana.

_____

6 Reescreva as frases na 1ª pessoa do plural.

a) Eu ando de carro.

_____

b) Vós beijastes o bebê.

_____

c) Elas estão felizes.

_____

d) Tu ganhaste o presente.

_____

7 Escreva o infinitivo dos verbos abaixo.

a) jogará

_____

b) soube

_____

c) escreve

_____

d) correrão

_____

e) varrerá

_____

f) apareceu

_____

g) entendemos

_____

h) fiz

_____

i) acontece

_____

 **TEXTO 2**

Você conhece a notícia abaixo?
Leia o texto a seguir.

 https://www.deolhonailha.com.br/florianopolis/noticias/criancas-de-baixa-renda-desenvolvem-aplicativos-para-celular-em-florianopolis-.html

17/12/2015

Crianças de baixa renda desenvolvem aplicativos para celular em Florianópolis

Seis crianças e adolescentes, com idade entre 9 e 12 anos, moradores da região da Lagoa da Conceição, desenvolveram três novos aplicativos para *smartphones*: Game Store, Ótima Viagem e Guia Turístico da Lagoa. Os aplicativos foram criados durante a oficina Floripa Apps, realizada pelo Comitê para Democratização da Informática (CDI) de Santa Catarina.

O Game Store mostra os melhores jogos educativos, novidades e lançamentos. O segundo aplicativo, Ótima Viagem, é feito para aqueles que utilizam as linhas de ônibus da Lagoa da Conceição: apresenta os horários do transporte público da região, seus itinerários e dicas de livros para ler durante o percurso. Já o Guia Turístico da Lagoa indica os principais restaurantes e os horários de funcionamento, além da localização de hotéis.

[...] A proposta do curso era estimular os jovens a criarem aplicativos baseados nas necessidades das comunidades. "Eles aprendem a partir da reflexão sobre a realidade em que vivem e assim constroem algo que ajudará a mudar essa realidade", explica a coordenadora pedagógica do CDI-SC, Cleusa Regina Kreusch.

[...]

Crianças de baixa renda desenvolvem aplicativos para celular em Florianópolis. *De olho na ilha*, Florianópolis, 17 dez. 2015. Disponível em: https://www.deolhonailha.com.br/florianopolis/noticias/criancas-de-baixa-renda-desenvolvem-aplicativos-para-celular-em-florianopolis-.html. Acesso em: 25 jun. 2020.

BRINCANDO COM O TEXTO

1 Procure no dicionário o significado mais adequado para as palavras a seguir.

a) Conselho: _____

_____

b) Itinerário: _____

_____

c) Pedagógico: _____

_____

d) Remuneração: _____

_____

2 Qual é o título da notícia?

_____

_____

3 Quando a notícia foi publicada?

_____

4 Sobre o que ela trata?

_____

_____

5 De acordo com a notícia, o que é Floripa Apps?

_____

_____

_____

_____

_____

_____

6 Releia o texto e observe se ele "responde" às questões a seguir.

a) O que aconteceu?

_____

_____

_____

b) Quem fez acontecer?

_____

_____

_____

c) Quando isso aconteceu?

_____

_____

_____

d) Onde isso aconteceu?

_____

_____

_____

e) Como isso aconteceu? Como foi possível?

_____

_____

_____

_____

_____

f) Por que foi feita a oficina? O que se pretendia com ela?

_____

_____

_____

_____

ORTOGRAFIA

Palavras com lh ou li

1 Escreva o nome das imagens.

a)

Sruce2638/Dreamstime.com

_____

c)

Chursina Viktoria/Shutterstock.com

_____

e)

Akinshin/Dreamstime.com

_____

b)

Sruce2638/Dreamstime.com

_____

d)

Maks Narodenko/Shutterstock.com

_____

f)

Jiang Hongyan/
Shutterstock.com

_____

2 Ordene as sílabas e escreva as palavras.

a) co es lha

_____

c) lho mo

_____

b) li fo a

_____

d) lha gro se

_____

3 Complete as palavras com **lh** ou **li**.

a) ve ___ ice

b) mobí ___ a

c) mi ___ aral

d) fi ___ o

e) bi ___ ete

f) pasti ___ a

g) sandá ___ a

h) famí ___ a

i) auxí ___ o

j) utensí ___ o

k) cí ___ o

l) tri ___ o

210

4 Escreva no quadro as palavras da atividade 3, separando-as em sílabas.

Palavras com **lh**	Palavras com **li**

 **BRINCANDO**

1 Há várias brincadeiras com as quais podemos nos divertir muito sem usar nenhum tipo de tecnologia, ou mesmo brinquedo! Vamos lembrar duas delas.

a) Vamos brincar, primeiro, de "telefone sem fio". É muito simples: todos se sentam em um círculo. O professor vai falar uma frase no ouvido de um aluno, sem que mais ninguém ouça. O aluno deverá, então, dizer o que escutou para o colega do lado, e assim por diante, até chegar ao último aluno da roda, que deverá falar o que escutou.

Paula Kranz

b) Agora, que tal brincar de "Seu mestre mandou"? É assim: o professor vai sortear o nome de um aluno para ser o mestre. Ele deve dar um comando para que o grupo obedeça. Mas tem de começar com os dizeres "Seu mestre mandou", ou as ordens não deverão ser obedecidas.

211

Notícia de rádio

Você conhece alguma rádio? Com que frequência você ouve rádio? Leia as orientações abaixo para produzir uma notícia de rádio.

Planejar

1. Converse com seus colegas e seu professor sobre as questões: Você conhece a programação de alguma rádio? Você sabe o que é um radiojornal? E o que é transmitido em um radiojornal?

2. O que você sabe sobre o gênero notícia? Anote as características desse gênero no caderno.

3. Analise notícias em diferentes meios de comunicação: jornal impresso, telejornal, radiojornal ou *podcast*.

4. Defina com o professor quem será o público-alvo, ou seja, quem serão os ouvintes de suas notícias, onde suas notícias serão veiculadas etc. Mantenham o nome escolhido para o jornal da página 105.

Produzir, revisar, compartilhar

1. Agora é o momento de fazer o rascunho das notícias que serão transmitidas. Lembre-se de que deve ser um conteúdo relevante sobre a escola e/ou comunidade escolar.

2. A apuração da notícia radiofônica é como a impressa, mas a produção escrita deve ser clara e objetiva para ser apresentada no ar. Verifique as informações contidas na chamada da notícia:

> Quem? Onde? Quando? Qual a causa?
> Por quê? Qual a consequência?

3. Verifique se seu texto está objetivo e revise a conjugação dos verbos, as concordâncias nominal e verbal etc.

4. Você irá compartilhar a notícia conforme a orientação do professor.

ORALIDADE

Notícia de rádio

1. Agora você vai divulgar a notícia.

Siga as orientações do professor para divulgar a notícia produzida na seção anterior em alguma mídia social ou na rádio da escola.

PEQUENO CIDADÃO

Organização do tempo

O personagem Pedro, do texto *Superligado*, vivia ligado em *video game*, computador, celular e televisão. Ele deixava de fazer diversas coisas importantes por não saber organizar seu tempo e sua atenção entre esses aparelhos eletrônicos e outras atividades.

Computadores, telefones celulares e *video games*, entre outros, são equipamentos que foram criados para facilitar nossa vida e nos ajudar a viver melhor.

1 Como você costuma organizar seu tempo entre as tarefas que precisa realizar e o uso de computadores e *video game*, por exemplo?

2 Além de jogar *video game* e usar computadores e telefones celulares, que outras atividades são importantes e não podem deixar de ser feitas? Assinale as opções que desejar.

☐ Ler revistas e livros.

☐ Descansar.

☐ Conversar com os familiares.

☐ Passear com o animal de estimação.

☐ Estudar e fazer a lição de casa.

☐ Brincar e conversar com amigos.

3 Comente com os colegas e o professor as opções que você assinalou na atividade anterior.

TEXTO 1

Você conhece a flor que dá título ao texto abaixo?

Leia o texto a seguir.

Flor de maio

À beira de uma estrada, cercada de muita grama e árvores, acaba de surgir, para alegria da natureza, mais uma linda borboleta...

Entretanto, diferente das outras borboletas que voam ao sair do casulo, esta cai no chão e, arrastando-se com muita dificuldade até uma pedra, começa a chorar.

Permanece em seu pranto por um longo tempo, mostrando grande desespero...

Laerte Silvino

Por este mesmo lugar vai passando uma formiga, muito interessante, com uma fita amarela na cabeça, conjunto esportivo também amarelo, tênis e até meia amarela combinando.

A formiga faz a sua caminhada matinal, mas ao ver a borboleta chorando, para, aproxima-se e lhe diz:

– Já há algum tempo, enquanto caminho, ouço seu choro... O que houve com você, borboleta? Você é tão bela... O que há?

Procurando controlar-se, a borboleta, ainda em lágrimas, responde:

– Eu... Eu... não posso voar como todas as borboletas. Na verdade, não posso fazer nada... andar... comer... viver... Poxa!... Viver...

– Por quê? O que aconteceu?

– A minha asa está quebrada. Olhe aqui, está faltando um pedacinho. Assim, ela fica mais leve do que a minha outra asa e eu não consigo me equilibrar para poder, pelo menos, caminhar.

– Coitadinha! Como é que isso aconteceu?

– Quando eu passava de lagarta a borboleta, colocaram inseticida, veneno, neste jardim. Ele não conseguiu me matar... mas a minha asa, que dó, saiu faltando um pedacinho. Pedacinho importante, que não me deixa voar...

E volta a chorar...

– Você já procurou um médico?

– Como? Se eu não posso andar... Só me arrastar, como se eu ainda fosse uma lagarta... Não vê que estou morrendo? Tenho fome, sede... O que faço?

[...]

Maria Cristina Furtado. *Flor de maio*. São Paulo: Editora do Brasil, 2005. p. 4, 6, 8, 11 e 12.

1 Procure no dicionário o significado das palavras a seguir.

a) Casulo: _____

_____

b) Pranto: _____

_____

2 Por que a borboleta chorava?

_____

_____

_____

3 O que a formiga fez ao ver a borboleta chorando?

_____

_____

_____

4 Por que a borboleta não conseguia voar como as outras?

_____

_____

_____

5 Assinale o que a borboleta disse para a formiga.

☐ A minha asa está quebrada.

☐ Eu posso voar, sim.

☐ Está faltando um pedacinho da minha asa.

☐ Não consigo me equilibrar para ao menos poder caminhar.

☐ Tenho fome, sede, estou morrendo.

6 O que fez a borboleta ficar sem um pedacinho da asa?

_____

_____

_____

_____

7 Numere os acontecimentos de acordo com a ordem em que ocorreram.

☐ Sem conseguir voar nem caminhar, a borboleta sente fome e sede.

☐ A formiga se aproxima da borboleta.

☐ Aplicam inseticida no jardim em que a lagarta mora.

☐ A lagarta começa a virar borboleta.

☐ A formiga ouve o choro da borboleta.

☐ Quando termina a transformação, a borboleta sai do casulo e cai.

☐ A borboleta chora de fome e de sede.

8 O último parágrafo do texto termina com uma pergunta da borboleta à formiga: "O que faço?". Se você fosse a formiga, como responderia à borboleta?

_____

_____

_____

_____

_____

_____

_____

_____

_____

_____

_____

Verbo pôr

Leia as frases.

A galinha **põe** ovos.

Ele **compôs** uma canção.

O verbo **pôr**, embora não termine em -**er**, é considerado da **2ª conjugação**.

Os verbos terminados em -**por**, como **compor**, **impor**, **repor**, são todos derivados do verbo **pôr**, por isso são conjugados como ele.

Vamos aprender a conjugar o verbo **pôr**.

Presente	Pretérito	Futuro
Eu ponho	Eu pus	Eu porei
Tu pões	Tu puseste	Tu porás
Ele/ela põe	Ele/ela pôs	Ele/ela porá
Nós pomos	Nós pusemos	Nós poremos
Vós pondes	Vós pusestes	Vós poreis
Eles/elas põem	Eles/elas puseram	Eles/elas porão

ATIVIDADES

1 Indique se os verbos estão no presente, no pretérito ou no futuro.

a) repôs _____

b) comporá _____

c) imponho _____

d) dispuseram _____

e) supuseste _____

f) expõe _____

2 Complete as lacunas com o verbo **pôr** no presente.

a) Eu _____ as compras no carrinho, e ele _____ o neném no carro.

b) Tu _____ os brinquedos na sala, e vocês _____ a bicicleta na garagem.

c) Eles _____ os doces na geladeira, enquanto nós _____ o arroz no fogão.

d) Nós _____ o sorvete nas taças, e você _____ o suco nos copos.

3 Reescreva as frases no pretérito.

a) Eu disporei de tempo.

_____

b) Ela disporá de tempo.

_____

c) Eles dispõem de tempo.

_____

4 Reescreva as frases passando o verbo para o presente.

a) Eu compus a música. _____

b) Nós compusemos a música. _____

c) Ele compôs a música. _____

5 Complete adequadamente as frases com as formas verbais do quadro.

indispôs	reporá	recompusemos

a) A escola _____ as aulas do período da greve.

b) Ele não foi à festa porque se _____ com os pais.

c) Ainda não nos _____ do susto.

219

TEXTO 2

Observe as fotografias: Por que você acha que o título do texto é "Olhos na escuridão"?

Leia a reportagem a seguir.

http://chc.org.br/olhos-na-escuridao

Olhos na escuridão

Quando o dia vai chegando ao fim, enquanto muitos animais se dirigem para seus abrigos, outros despertam. É nessa hora que um grande par de asas começa seu voo pela mata. Para as borboletas-coruja, o dia não terminou, mas está só começando. Não à toa, esses insetos ganharam dos cientistas o nome *Caligo*, "escuridão", em **latim**.

Com uma **envergadura** que pode passar dos 15 centímetros, as borboletas-coruja estão entre as maiores borboletas brasileiras, e entre as mais intrigantes também. A parte de baixo de suas asas possui cores que lembram as penas de uma coruja, incluindo duas grandes manchas em forma de olhos. Os cientistas já sabem que a presença desses desenhos aumenta as chances de sobrevivência das borboletas, mas ainda é difícil dizer por quê.

Uma possível explicação é que, quando um **predador** se aproxima da borboleta e vê as manchas nas asas, as confunde com dois grandes olhos e pensa erroneamente que a borboleta é, na verdade, um bicho ainda maior. Outra – a mais aceita pela comunidade científica até agora – é que os predadores não pensam que as manchas são grandes olhos, mas simplesmente se assustam com o contraste entre as manchas e as asas.

[...]

Henrique Caldeira Costa. *Ciência Hoje das Crianças*, Rio de Janeiro, 4 jul. 2014. Disponível em: http://chc.org.br/olhos-na-escuridao. Acesso em: 8 jul. 2020.

GLOSSÁRIO

Envergadura: distância entre as asas de um animal, quando abertas.
Latim: língua antiga que deu origem à língua portuguesa e a outros idiomas.
Predador: animal que caça e mata outro ser vivo para se alimentar.

1 Relacione as palavras ao seu sentido no texto.

A intrigante ☐ diferença

B contraste ☐ curioso

2 Em que período as borboletas-coruja começam a voar?

☐ Durante o dia, quando há claridade.

☐ Quando termina o dia e chega a escuridão.

☐ Elas voam de dia ou de noite, no escuro ou na claridade.

3 O título da reportagem é "Olhos na escuridão" porque:

☐ o texto trata das asas de uma espécie de borboleta que parecem os olhos de uma coruja e que tem hábitos noturnos.

☐ o texto trata das asas de uma espécie de borboleta que, à luz do dia, parecem os olhos de uma coruja.

4 Além de manchas que parecem olhos, que elementos das asas da borboleta fazem lembrar a coruja?

_____

_____

5 A presença das manchas em forma de olhos aumenta as chances de sobrevivência das borboletas-coruja. De acordo com os cientistas, há duas explicações possíveis para isso. Quais são elas?

_____

_____

_____

_____

_____

ORTOGRAFIA

Palavras com l ou u

1 Complete o nome das imagens com a letra que falta.

a) a __ face

c) pince __

e) chapé __

b) fla __ ta

d) o __ riço

f) ca __ ção

2 Complete as palavras com **l** ou **u**.

a) a __ tomóvel

b) ane __

c) o __ vido

d) cafeza __

e) sa __ dade

f) anua __

g) astrona __ ta

h) curra __

i) a __ tor

j) ca __ ma

k) jorna __

l) a __ dição

3 Ordene as sílabas e escreva as palavras.

a) | ne | fi | al | te |

_____

f) | te | ma | al | ri |

_____

b) | men | to | au |

_____

g) | cel | pin |

_____

c) | da | fa | al | mo |

_____

h) | grau | de |

_____

d) | col | ra | ca |

_____

i) | do | da | sol |

_____

e) | nil | fu |

_____

j) | mó | au | to | vel |

_____

4 Assinale as palavras adequadas para completar as frases e escreva-as.

a) Tomei sorvete de creme com _____ de morango e _____.

☐ calda   ☐ cauda   ☐ mel   ☐ meu

b) Meu _____ estava muito _____.

☐ aumoço   ☐ almoço   ☐ salgado   ☐ saugado

c) Trouxe a _____ e o _____ do bebê.

☐ fralda   ☐ frauda   ☐ tauco   ☐ talco

d) Achei o _____ muito _____.

☐ sarau   ☐ saral   ☐ legau   ☐ legal

Borboletas e mais borboletas

Grupo de borboletas mazarine.

Há muitas espécies de borboletas em todo o mundo: em lugares de clima frio, nas florestas e matas em regiões quentes... E se há borboletas em algum lugar, isso é um ótimo sinal, porque elas só vivem onde a qualidade do ar é boa, onde não há tanta poluição.

As borboletas são muito apreciadas por sua beleza. Existem até lugares especiais para quem quer admirá-las: os borboletários.

Existem borboletas com asas de diferentes cores, tamanhos e texturas.

Veja, por exemplo, a borboleta-transparente e a borboleta-folha.

Borboleta-transparente.

Borboleta-folha.

1 Na página 285, na seção **Encartes**, há fotos da metamorfose de uma borboleta.

Observe as imagens, depois recorte-as e cole cada uma junto à legenda correta! Antes de continuar a atividade, siga as orientações do professor.

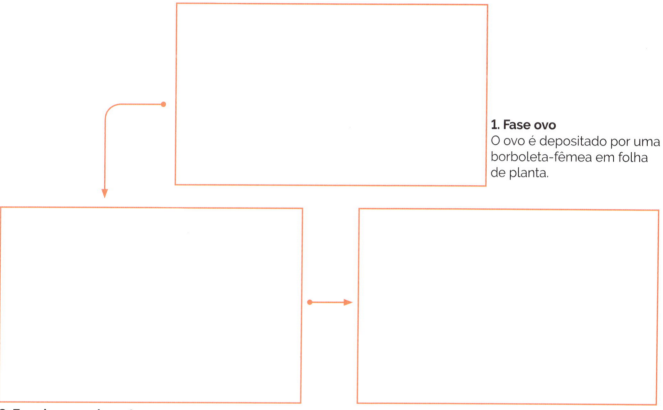

1. Fase ovo
O ovo é depositado por uma borboleta-fêmea em folha de planta.

2. Fase larva ou lagarta
Nasce a lagarta que se desenvolveu no ovo e já sai comendo a folha! Nesta fase, ela se alimenta bastante.

3. Fase pupa ou crisálida
Já desenvolvida, a lagarta para de se alimentar e se fixa em uma folha ou ramo de planta. Nesta fase, ela produz uma capa protetora chamada casulo, onde se abriga. Ali dentro, seu corpo irá passar por grandes transformações.

4. Fase adulta
Quando seu corpo de animal adulto está completo, a crisálida se abre e a borboleta sai de dentro dela. Após suas asas secarem, ela já pode voar e se reproduzir.

BRINCANDO COM A CRIATIVIDADE

História em quadrinhos

Vamos produzir uma história em quadrinhos?

Planejar

1. Primeiramente, relembre as características desse gênero e anote-as em seu caderno.
2. Ligue os balões à sua respectiva mensagem.

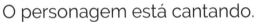

O personagem teve uma ideia.
O personagem está cantando.
O personagem está admirado.
O personagem está com dúvidas.

Bruna Ishihara

3. Leia novamente o texto *Flor de maio*, de Maria Cristina Furtado, e utilize-o como fonte de inspiração para a criação de uma HQ.
4. Após a escolha do tema, busque mais informações sobre ele.
5. Pense na quantidade de quadrinhos e nos textos para eles (começo, meio e fim).

Produzir, revisar, compartilhar

1. Em uma folha de papel, produza as ilustrações e o texto dentro dos balões correspondentes. Depois, dê um título para sua HQ.
2. Verifique se o texto está de acordo com a imagem e revise a ortografia, pontuação, concordância etc. Se preciso, peça auxílio ao professor.
3. Reescreva o texto de acordo com as correções solicitadas.

 **ORALIDADE**

Discussão em grupo

1. Converse com os colegas e o professor sobre o processo de produção da sua história em quadrinhos.

TEXTO 1

Leia o poema a seguir.

Eu sonho o que eu quero!

Eu sonhei que era uma árvore,
com galhos cheios de flores,
com frutos, com muitos ninhos,
com vento nas minhas folhas,
com canto de passarinhos.
Um dos galhos era grande,
como um braço se estendia
Nele alguém dependurou
duas cordas e um balanço.
Vieram muitas crianças,
gente pequena e alegre.

E eu assim me transformei
na farra dos meus amigos.
Lá vêm eles, todo dia,
pra brincar no meu balanço.
Farreiam, riem e pulam,
eles brincam, eu não me canso.
Faça frio ou faça sol,
eles não deixam de vir.
Brincam para me alegrar,
riem para me distrair.

Laerte Silvino

227

Mas o dono quis fazer
um estacionamento
no terreno onde eu estava.
E vieram quatro homens,
com machados e com serras,
prontos pra me derrubar.
Como eu não era gente,
não podia nem gritar.
Foi aí que eu dei um jeito,
para o sonho eu alterar.
Como o sonho era meu,
descobri o que eu faria:
era só mudar no sonho
tudo aquilo que eu queria.

Concentrei meu pensamento,
ficou tudo diferente.
Os tais homens, que eram maus,
resolveram virar gente.
Deixaram a árvore em paz.
Pegaram as ferramentas,
começaram a trabalhar
e construíam brinquedos
pras crianças do lugar.
Então eu fiquei contente
e pude logo acordar...

Pedro Bandeira. *Mais respeito, eu sou criança!* Ilustrações: Odilon Moraes. São Paulo: Moderna, 2009. p. 74-75.

1 Reescreva as frases procurando no texto o sinônimo das palavras destacadas.

a) Nele alguém **fixou** duas cordas e um balanço.

_____

b) Foi aí que eu dei um jeito, para o sonho eu **modificar**.

_____

2 Reescreva as frases a seguir utilizando antônimos das palavras destacadas.

a) Vieram muitas **crianças**, gente **pequena** e **alegre**.

_____

_____

b) Os tais homens, que eram **maus**, resolveram virar gente.

_____

_____

3 O personagem principal do poema:

☐ é uma árvore que pensava ser gente.

☐ é alguém que sonhou ser uma árvore.

4 Quais são as principais características da árvore do poema?

_____

5 Por que o dono do terreno queria derrubar a árvore?

_____

6 Como a árvore seria derrubada?

_____

7 O que você acha que significa, no poema, "virar gente"? Converse com o professor e os colegas.

Conjugação em –ir

Leia as frases.

Ana e Sofia **assistiram** ao filme.

Davi e Guilherme **se divertem** juntos.

Luís **partirá** no trem.

Os verbos **assistir**, **divertir-se** e **partir** pertencem à **3ª conjugação** porque seu infinitivo termina em **-ir**.

A terminação dos verbos informa quando aconteceu o fato:

- o 1º já aconteceu, é **passado** – assistir**am**;
- o 2º acontece agora ou atualmente, é **presente** – divert**em**;
- o 3º ainda não aconteceu, é **futuro** – partir**á**.

Verbo assistir

Presente	Pretérito	Futuro
Eu assisto	Eu assisti	Eu assistirei
Tu assistes	Tu assististe	Tu assistirás
Ele/ela assiste	Ele/ela assistiu	Ele/ela assistirá
Nós assistimos	Nós assistimos	Nós assistiremos
Vós assistis	Vós assististes	Vós assistireis
Eles/elas assistem	Eles/elas assistiram	Eles/elas assistirão

ATIVIDADES

1 Conjugue o verbo **abrir** no presente, no pretérito e no futuro.

	Presente	**Pretérito**	**Futuro**
Eu	abro	abri	abrirei
Tu			
Ele/ela			
Nós			
Vós			
Eles/elas			

2 Reescreva nas linhas os verbos destacados passando-os para o futuro.

a) Eu **pulo** na piscina. _____

b) Nós **partimos** cedo. _____

c) Tu **divides** o bolo. _____

d) Vós **pedistes** o livro. _____

e) Ele **consegue** tudo. _____

f) Eles **partem** a maçã. _____

3 Reescreva as frases no pretérito.

a) Eu repartirei os selos.

_____

b) Ele abrirá a janela.

_____

c) Nós brincaremos com o gato.

_____

d) Eu cortarei a cartolina.

_____

e) Eles receberão o prêmio.

_____

4 Reescreva as frases usando a 1ª pessoa do plural.

a) Ele ouvirá a prece.

_____

b) Eu divido o chocolate.

_____

c) Tu saíste cedo.

_____

d) Elas atingiram todas as metas.

_____

5 Copie os verbos do quadro nas colunas adequadas.

- dividir
- andar
- sair
- falar
- beber
- conversar
- correr
- vender
- voar
- escrever
- sorrir
- fazer
- molhar
- repartir
- partir

1ª conjugação	2ª conjugação	3ª conjugação

6 Indique se os verbos estão no presente, no pretérito ou no futuro.

a) cumprirá_____

b) desistiu _____

c) dormirão _____

d) dormirá_____

e) possuo _____

f) agem _____

g) insisti _____

h) aumentou_____

Produção de telejornal (Parte 1)

Vamos produzir uma reportagem para um telejornal?

Planejar

1. Em grupos de aproximadamente seis alunos, sigam os passos indicados abaixo para dar início à produção.
   - Discutam sobre o vídeo que será assistido com o professor.
   - Definam um nome para o telejornal.
   - Decidam coletivamente os assuntos interessantes para o telejornal.
   - Definam com o professor quem serão os apresentadores, o repórter, o entrevistador etc.
2. Os profissionais que trabalham em um telejornal são:

> **Jornalista**: apresenta o telejornal.
> **Repórter**: busca informações fora do estúdio.
> **Cinegrafista:** acompanha o repórter para gravar as reportagens.
> **Pauteiro**: elabora as notícias, checa informações, produz a pauta.
> **Editor**: revisa as reportagens antes de transmitir no telejornal.
> *Cameraman*: capta as imagens do telejornal.

3. Dividam as tarefas do grupo, seguindo os itens abaixo.
   - Planejem como será a reportagem, quem serão as pessoas entrevistadas, quais serão os recursos visuais (filmagens, fotografias, diagramas etc.).
   - Em conjunto, elaborem o roteiro da entrevista e as falas dos apresentadores.
   - Saiam para coletar informações necessárias.
4. Os textos das notícias do telejornal são curtos e objetivos. Após o planejamento, é hora de o grupo produzir os textos.

Produzir, revisar, compartilhar

1. Definam um aluno do grupo para ser o revisor do texto, cuja função será verificar ortografia, pontuação, concordância verbal e nominal etc.
2. O aluno responsável fará a edição do texto.

ORALIDADE

Discussão em grupo – telejornal

1. Após essa primeira parte, toda a turma irá trocar experiências e discutir sobre as possibilidades de deixar as reportagens mais interessantes.

PEQUENO CIDADÃO

Onde ficam guardadas as informações?

Desde que computadores e outros aparelhos eletrônicos foram inventados, houve a necessidade de armazenar informações. Essas informações podem ser músicas, textos, jogos etc.

Assim como outros objetos, as formas de armazenar informações foram mudando com o passar do tempo.

Veja, por exemplo, os objetos abaixo.

Disquete.

CD ou DVD.

Pen drive.

Cartão de memória.

Cada um desses objetos tem uma capacidade de armazenamento.

O disquete, por exemplo, já não é mais utilizado, pois outros objetos se tornaram mais eficazes e guardam muito mais informações do que ele, como *o pen drive* ou o cartão de memória.

1 Você já viu alguma vez um disquete? Como ele era?

2 Em sua casa, você e sua família utilizam algum dos objetos acima para armazenar informações? Qual?

3 Você percebeu que o tamanho desses objetos foi diminuindo com o passar do tempo? Consegue imaginar por que isso aconteceu? Converse com o professor e os colegas a respeito disso.

 **TEXTO 2**

Você costuma consultar o dicionário?
Leia o verbete a seguir.

sonho <so.nho>
substantivo masculino 1. Conjunto de imagens que aparece em nossa mente enquanto dormimos: *Em meu sonho, eu conseguia voar.* **2.** Aquilo que não é real e que é difícil de acontecer: *Ele tinha o sonho de se tornar ator.* **3.** Doce redondo recheado com um creme e com açúcar por cima. Pronuncia-se *sônho*. **FAMÍLIA**: sonhar.

Sonho. *In*: *Dicionário didático básico de Língua Portuguesa*. São Paulo: SM, 2013. p. 421.

BRINCANDO COM O TEXTO

1 De acordo com o verbete, a palavra **sonho** é um:

☐ substantivo.   ☐ adjetivo.   ☐ verbo.

2 De que gênero é a palavra em questão?

☐ Masculino.   ☐ Feminino.

3 Nos verbetes de dicionário, cada sentido de uma palavra é chamado de **acepção**. Quantas acepções de **sonho** há no verbete acima?

_____

4 No verbete, há dois exemplos de uso da palavra **sonho**. Copie-os.

_____

_____

5 Elabore um exemplo para a terceira acepção do verbete.

_____

_____

_____

6 Assinale a imagem que ilustra a terceira acepção da palavra **sonho**.

7 De acordo com o verbete, como é a pronúncia da palavra **sonho**?

_____

8 Que outra palavra é da família da palavra **sonho**?

_____

9 Pesquise em um dicionário o significado dessa palavra e copie-o.

_____

_____

_____

_____

10 Que outras palavras também poderiam ser da mesma família da palavra **sonho**?

_____

11 Você já precisou procurar o significado de outras palavras em um dicionário? Quais?

_____

_____

_____

1 Encontre as sete diferenças entre os desenhos.

Desenhorama

BRINCANDO COM A CRIATIVIDADE

Pauta de telejornal (Parte 2)

Vamos agora dar continuidade ao trabalho da página 233.

Planejar

1. Retome a produção textual realizada na seção **Brincando com a criatividade** da página 233. Após ser escrito, o texto precisa ser estudado e discutido entre os profissionais envolvidos.

2. Além disso, um telejornal é composto de alguns outros itens, indicados a seguir.

    Escalada: início do jornal, onde os jornalistas apresentam as manchetes.

    Abertura: parte com trilha sonora e apresentação dos jornalistas.

    Notícias: acontecimentos noticiados de maneira detalhada.

    Reportagens: que podem ser gravadas ou ao vivo e incluir entrevistas.

    Previsão do tempo: para o dia ou para a semana.

    Encerramento: despedida.

    Créditos: descrição da equipe do telejornal.

3. Observe a imagem ao lado e responda: Quais profissionais do telejornal estão representados?

Claudia Marianno

 **ORALIDADE**

Apresentação de telejornal

1. Para a apresentação de um telejornal, comecem pelos itens:
    - **Escalada** (início): os apresentadores saúdam os telespectadores e dizem o nome do jornal.
    - **Abertura**: trilha sonora e nomes dos apresentadores.

2. Em seguida, apresentem a notícia, revezando-se na leitura.

3. Chamem o repórter que irá realizar a entrevista ou apresentar dados de pesquisa.

4. Depois, retornem ao "estúdio" com os apresentadores para finalizar o telejornal.

5. Ao final do vídeo, deve aparecer o nome de cada aluno e a função desempenhada.

 **TEXTO 1**

Leia o título do texto a seguir e pense sobre o que ele irá falar. Agora leia o texto completo.

 https://m.folha.uol.com.br/folhinha/2016/03/1744601-menina-que-sofreu-bullying-por-usar-oculos-recebe-apoio-na-internet.shtml

1 de março de 2016
Carol Oliveira, de São Paulo

Menina que sofreu *bullying* por usar óculos recebe apoio na internet

Arquivo pessoal/Uso autorizado por Sierra Lynne Winters

Há dois anos, a americana Alexis Hansen, 7, começou a usar óculos. Pouco tempo depois, seus colegas da escola começaram a inventar apelidos e a caçoar de sua aparência.

A foto **viralizou** na internet e atingiu mais de 4 milhões de compartilhamentos na página "The BULLY Project", campanha inspirada pelo documentário "Bully" (2011).

No *post*, milhares de pessoas mandaram mensagens de apoio à menina, como "Óculos são lindos, e você também é!", e "Não deixe as pessoas te colocarem para baixo".

 **GLOSSÁRIO**

Viralizar: espalhar rapidamente pela internet.

Muitas crianças e adultos postaram suas próprias fotos usando óculos.

[...]

A garota estuda na mesma escola desde o jardim de infância e conta que, depois de ler as mensagens das pessoas, se sentiu mais forte para enfrentar o *bullying*. [...]

Carol Oliveira. *Folha de S.Paulo*, São Paulo, 1 mar. 2016. Folhinha. Disponível em: https://m.folha.uol.com.br/folhinha/2016/03/1744601-menina-que-sofreu-bullying-por-usar-oculos-recebe-apoio-na-internet.shtml. Acesso em: jun. 2020.

BRINCANDO COM O TEXTO

1 Qual é o sentido da palavra **caçoar** no texto?

☐ Elogiar. ☐ Zombar. ☐ Agradar.

2 Após o título da reportagem, há três informações, que são:

☐ nome de quem redigiu o texto, local e data de publicação da notícia.

☐ nome do jornal, país onde o jornal circula e data.

3 Anote a data de publicação da notícia: _____

4 Releia o primeiro parágrafo.

a) Com base na resposta da questão anterior e no texto, responda:

Em que ano Alexis Hansen começou a usar óculos? _____

b) Qual era a idade dela na época? _____

5 Como você se sentiria se colegas zombassem de alguma característica sua?

_____

_____

6 Você já ouviu a palavra *bullying*? Converse com um colega sobre essa palavra e escreva, no caderno, o que ela significa. Se nenhum dos dois souber, conversem com outros colegas e com o professor.

ORTOGRAFIA

Palavras com x, s, ss ou z

1 Complete as palavras com a letra **s** ou **z**.

a)

a __ eitona

c)

be __ ouro

e)

__ íper

b)

me __ a

d)

__ ebra

f)

ca __ a

2 Copie as palavras da atividade anterior no quadro.

Palavras com s	Palavras com z

3 Complete as palavras com **s**, **ss** ou **x**.

a) prome __ a

c) au __ ílio

e) ca __ ebre

g) conte __ to

b) expre __ ão

d) profi __ ão

f) pró __ imo

h) e __ pecífico

4 Complete as palavras com a letra **x**, **s** ou **z**.

a) É um te ___ ouro a ami ___ ade entre elas.

b) O artista e ___ ibe suas obras na nova galeria.

c) O médico recomenda e ___ ercícios sem e ___ agero.

d) Eles foram convidados para o ca ___ amento.

e) Ele acredita que fazer isso dá a ___ ar.

5 Complete a tabela com as palavras do quadro.

- explicação
- máximo
- êxito
- expectador
- exímio
- excursão
- exoneração
- execrar
- exagero
- externo
- execução
- expansão
- exuberante
- têxtil

x com som de s	x com som de z

6 Escreva uma frase com cada palavra.

a) exercício

_____

b) caixa

_____

Oração: sujeito e predicado

Observe as orações a seguir.

stockyimages/Shutterstock.com

Cássia lê muito.
Quem lê muito?
Cássia.

Cássia é o **sujeito** da oração porque a informação dada é sobre "Cássia".

> **Sujeito** é o termo da oração sobre o qual se dá informação.

O que Cássia faz?
Lê muito.
Lê muito é o **predicado** da oração, é a informação sobre o sujeito.

> **Predicado** é o termo ou expressão que dá informação sobre o sujeito.

O sujeito e o predicado formam a oração.

> **Oração** é uma palavra ou conjunto de palavras que transmite uma informação.

Toda oração tem um verbo.
Ao retirar o sujeito da oração, tudo o que fica é o predicado.

Cássia lê muito.

sujeito   predicado

 **ATIVIDADES**

1 Sublinhe o sujeito de cada oração.

a) Daniela gosta de flores.

b) Eu ganhei uma bola amarela.

c) Nós sentimos saudade dele.

d) Elas correram a maratona.

e) Os gatinhos dormem no cesto.

f) Vocês conversaram na festa.

2 Escreva um sujeito para cada predicado.

a) _____ chegaram atrasados ao evento.

b) _____ comprei livros e revistas.

c) _____ adora ganhar presente.

d) _____ voa muito rápido.

e) _____ varremos o quintal.

3 Sublinhe o predicado de cada oração.

a) As rosas estão novas.

b) Zeca e André saíram ontem.

c) Eles brincam no jardim.

d) Nós descobrimos o melhor caminho.

e) Teca ganhou um presente.

Waldomiro Neto

4 Escreva um predicado para cada sujeito.

a) O padeiro _____.

b) Eu _____.

c) A professora _____.

d) Meu pai e eu _____.

e) Meus avós _____.

5 Sublinhe com um traço o sujeito e com dois traços o predicado.

a) Mamãe e papai viajaram cedo.

b) As meninas estudaram pouco.

c) O ônibus esperou por você.

d) A Terra é um planeta.

6 Associe corretamente cada sujeito a seu predicado. Não vale repetir!

a) Fernando e Márcia

b) Lúcio e eu

c) Eu

d) Artur

e) Rebeca

☐ jogam vôlei.

☐ chegou cansada.

☐ dormiu até tarde.

☐ vou com você.

☐ fizemos o trabalho.

7 Utilize as imagens para formar orações completas.

a)

_____

_____

_____

_____

Silvia Jansen/iStockphoto.com

b)

_____

_____

_____

_____

RuslanDashinsky/iStockphoto.com

c)

_____

_____

_____

_____

Greg Epperson/Shutterstock.com

Carta aberta

Vamos escrever uma carta aberta contra o *bullying*?

Planejar

1. Assista ao filme que o professor irá exibir na sala de aula.
2. Você já vivenciou alguma situação de **bullying** como a retratada no filme?
3. Veja a seguir a estrutura desse tipo de carta.
   - Local e data.
   - Receptor: nome da pessoa ou instituição a quem a carta se destina.
   - Saudação inicial.
   - Introdução: descrição do problema a ser resolvido.
   - Desenvolvimento: análise do problema, apresentação de argumentos e do ponto de vista do emissor.
   - Conclusão: geralmente, o pedido de solução para o assunto.
   - Despedida.
   - Emissor: nome de quem escreve a carta.
4. Defina o receptor de sua carta e os argumentos que serão utilizados.

Produzir, revisar e compartilhar

1. Em uma folha de papel à parte, escreva a carta de acordo com a estrutura.
2. Releia seu texto e verifique o que pode ser melhorado nele.
3. Faça as correções necessárias e finalize o texto em outra folha à parte.
4. Fixe a carta no mural da escola, para que outros alunos possam ler.

ORALIDADE

Marcos Machado

Debate

Qual é sua opinião sobre o *bullying*? O que podemos fazer para que não haja *bullying* no ambiente escolar? A partir de que momento a brincadeira pode virar *bullying*? Responda a essas questões pensando em argumentos para um debate sobre esse tema.

Você costuma escrever em um diário?
Leia um trecho do diário a seguir.

www.diariodemyriam.com.br

O diário de Myriam

[...]

Tenho seis anos e mamãe me leva ao suque pela primeira vez. O táxi nos deixa no grande estacionamento, que também funciona como feira às quintas. Mamãe tinha me avisado: "Não largue minha mão, vai ter muita gente. Com certeza muito mais gente do que você já viu". E ela tinha razão. Me agarro a ela e nós abrimos caminho entre os feirantes, ambulantes e pedestres que entram e saem do suque. Uma muralha ocre fechava a cidade velha. Me lembro dessas portas imensas de madeira, abertas para nos deixar passar.

O calor do lado de fora dá imediatamente lugar a um frescor mineral. Precisei de alguns instantes para que meus olhos se acostumassem à penumbra. O suque é um labirinto de pequenas ruas cobertas. Para onde quer que eu olhe, vejo ti-

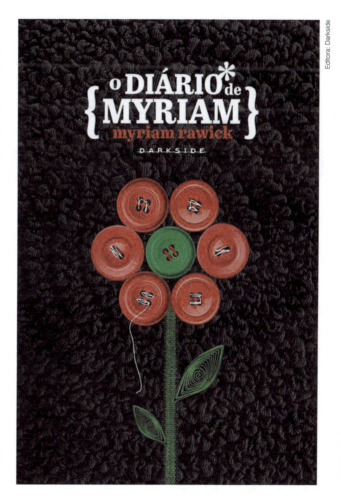

Editora: Darkside

jolinhos que formam as paredes e o teto. Só se vê o céu através da base dos tijolos de vidro. No ar, várias cúpulas de pedra, uma após a outra. Tenho a impressão de estar entrando em um túnel mágico, milenar.

Por todo canto, pequenas tendas presas à parede. Tecidos de todas as cores que pendem das bancas. Casacos, vestidos, bordados. Mamãe me mostra um rolo de tecido: "Toque". Eu hesito: tem rosa, laranja, vermelho. Escolho o verde. É macio. "Isso é seda, querida", murmura mamãe.

Prosseguimos por esse labirinto fabuloso. Vendedores de amêndoas frescas passam por nós com seus carrinhos cheios. Mamãe me pede para fechar os olhos. Obedeço, muito feliz por poder entrar na brincadeira.

Sou guiada por sua mão. "Olhe agora." Quando abro os olhos, tudo brilha intensamente à minha volta. As tendas dos tecelões tinham dado lugar às dos joalheiros. Quilos, toneladas de ouro que cintilavam. Colares, pulseiras escorriam das vitrines em rios dourados.

Cheiros, risos, cores. Tantas lembranças que me fazem recordar minha vida de antes. Lembranças que são como miragens. Tão distantes daquilo que vivo hoje. Daquilo que vejo. Daquilo que sinto.

[...]

Myriam Rawick. *O Diário de Myriam*, Rio de Janeiro, 2018.
Disponível em: www.diariodemyriam.com.br. Acesso em: 2 abr. 2020.

BRINCANDO COM O TEXTO

1 Responda:

a) Qual é o nome da autora do diário?

_____

b) Quantos anos ela tinha quando começou a escrevê-lo?

_____

2 Em sua opinião, o que é **suque**, descrito pela menina no diário?

_____

_____

3 Localize no texto a palavra que significa "obra da imaginação, sem existência real, ilusão, quimera" (*Aulete digital*) e copie-a abaixo.

_____

4 De acordo com sua leitura, a vida da menina continuou da mesma maneira que ela havia descrito inicialmente? Justifique sua resposta.

_____

_____

Advérbio

Leia as frases a seguir.

Ela observa **atentamente**.

Ele acordou **cedo**.

Atentamente expressa de que **modo** a menina observa.
Cedo expressa o **tempo** em que o menino acordou.
Atentamente e **cedo** são **advérbios**.

> **Advérbio** é uma palavra que modifica o verbo, o adjetivo ou outro advérbio, acrescentando informações ou circunstâncias.

Há vários tipos de advérbio. Veja os principais a seguir.

Advérbios de lugar	aqui, ali, aí, perto, longe, dentro, fora, acima, abaixo, debaixo, defronte
Advérbios de tempo	hoje, amanhã, ontem, cedo, tarde, agora, antes, depois, logo, então, nunca, jamais
Advérbios de modo	bem, mal, assim, depressa, devagar e quase todos os terminados em -mente, como calmamente, friamente etc.
Advérbios de afirmação	sim, certamente

Advérbios de negação	não, nunca, jamais
Advérbios de dúvida	talvez, acaso, decerto
Advérbios de intensidade	muito, pouco, bastante, mais, menos, tão, tanto, quase, demais
Advérbios interrogativos	Onde? (de lugar), Como? (de modo), Quando? (de tempo), Por quê? (de causa)

ATIVIDADES

1 Sublinhe os advérbios e classifique-os.

a) Márcio acordou cedo.

_____

b) Eliana come devagar.

_____

c) Eu moro perto da escola.

_____

d) Lucinha é pouco obediente.

_____

e) Talvez eu vá ao cinema.

_____

f) Paula é muito organizada.

_____

2 Transforme as expressões em advérbios, como no modelo.

de forma nervosa ⟶ nervosamente

a) de maneira caprichosa

_____

b) de modo franco

_____

c) de modo claro

_____

d) de forma linda

_____

e) de forma amável

_____

f) de modo perfeito

_____

3 Reescreva as frases acrescentando o tipo de advérbio indicado entre parênteses.

a) Ana chegou. (modo, tempo)

_____

b) Cante, Eduardo. (intensidade)

_____

c) Comprei um sapato. (tempo, lugar)

_____

d) Mirela viajou. (tempo, lugar)

_____

 **BRINCANDO**

1 Siga as coordenadas para descobrir um recadinho para você.

	A	B	C	D	E	F
1	R	F	A	P	T	D
2	E	I	S	!	N	Ç

Claudia Marianno

A1	A2	C2	D1	A2	B2	E1	A2

C1	C2

F1	B2	B1	A2	A1	A2	E2	F2	C1	C2	D2

BRINCANDO COM A CRIATIVIDADE

Diário

Você leu um trecho do diário de Myriam, uma menina síria que registrou a experiência de guerra civil. Posteriormente, esse diário foi publicado como um livro.

Planejar

1. Analise a estrutura e a forma de escrita desse gênero textual.
2. Contextualize sua produção respondendo às questões: Para que o diário será escrito? Onde ele circula?
3. Planeje o texto.
   - Pense em uma situação que você vivenciou recentemente e gostaria de registrar. Os diários relatam assuntos pessoais, que podem ser experiências, ideias, opiniões, desejos, sentimentos ou acontecimentos do cotidiano.
   - A estrutura é livre. Porém, coloque a data. O vocativo e a assinatura são facultativos.
   - Descreva detalhadamente o lugar e as pessoas mencionados.
   - Use pronomes como **eu**, **me**, **minha**.
   - O diário também pode conter desenhos.

Produzir, revisar, compartilhar

1. Escreva seu texto.
2. Desta vez faremos diferente, você fará a revisão e, em seguida, o professor revisará.
3. Edite fazendo as correções necessárias.
4. O texto de seu diário pessoal só será compartilhado se você desejar.

ORALIDADE

Dramatização

1. Divirta-se participando da dramatização de uma narrativa escolhida por você e os colegas.

 **TEXTO 1**

Você conhece a personagem da imagem ao lado? Agora leia o texto.

Procurando Dory

Livre

Um ano após ajudar Marlin (Júlio Chaves) a reencontrar seu filho Nemo, Dory (Maíra Goes) tem um *insight* e lembra de sua amada família. Com saudades, ela decide fazer de tudo para reencontrá-los e, na desenfreada busca, esbarra com amigos do passado e vai parar nas perigosas mãos de humanos.

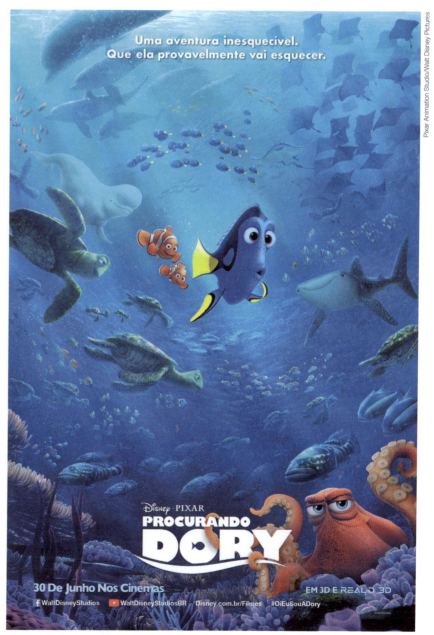

Pixar Animation Studio/Walt Disney Pictures

BRINCANDO COM O TEXTO

1 A palavra *insight* pertence à língua inglesa, mas consta nos dicionários de português. Pesquise-a e escreva com suas palavras o que significa.

_____

_____

2 O texto que você leu é:

☐ uma notícia.   ☐ um conto.   ☐ uma sinopse.

3 A fotografia ao lado do texto é:

☐ um *outdoor*.   ☐ um cartaz.   ☐ um folheto.

4 Quem é a personagem principal do filme? O que ela é?

_____

5 Observe o cartaz e descreva a personagem principal do filme

_____

_____

6 O que significa a palavra "livre" logo abaixo do título?

_____

_____

_____

7 Após o nome de cada personagem no texto, há outro nome entre parênteses. De quem são esses nomes?

_____

_____

_____

8 No topo do cartaz há duas frases. Explique oralmente o que elas querem dizer.

Preposição

Leia as frases a seguir.

Bolo **de** chocolate.

Café **com** leite.

Cachorro **sem** coleira.

De, **com** e **sem** ligam duas palavras e estabelecem uma relação entre elas, assim:

- bolo **de** chocolate (**de** liga as palavras **bolo** e **chocolate**);
- café **com** leite (**com** liga as palavras **café** e **leite**);
- cachorro **sem** coleira (**sem** liga as palavras **cachorro** e **coleira**).

> A palavra que liga duas palavras é chamada de **preposição**.

Exemplos de preposições: **a**, **ante**, **até**, **após**, **com**, **contra**, **de**, **desde**, **em**, **entre**, **para**, **por**, **perante**, **sem**, **sob**, **sobre**.

 **ATIVIDADES**

1 Circule as palavras do quadro que são preposições.

entre	bonito	sem	em	porque
jamais	contra	após	alegre	desde
cantar	por	vender	com	até

2 Circule as preposições das frases a seguir.

a) Cortei o pacote com a tesoura.

b) O caminhão é de Carlos.

c) Perante você, fico mudo.

d) Sem doce, eu não fico.

e) Lutei contra todos.

f) Entre nós não há nada.

g) O gato deitou sobre a mesa.

3 Complete as frases com preposições.

a) Ela saiu _____ falar.

b) Vou viajar _____ papai.

c) Fui _____ bicicleta _____ a escola.

d) _____ sábado que eu não a vejo.

e) Eles esperaram _____ tarde.

f) Ela prefere tomar café _____ açúcar.

4 Complete as frases usando as preposições **sem**, **sob** ou **sobre**.

a) Fale _____ seus projetos.

b) Fiquei _____ a carteira.

c) Quais são as novidades _____ as férias?

d) Ele colocou o livro _____ a mesa.

e) Ela escondeu o sapato _____ a cama.

5 Complete as frases com as preposições **a**, **ante**, **após**, **até** ou **para**.

a) Lá estava ele ajoelhado _____ o altar.

b) _____ a chuva, a pista foi interrompida.

c) Peça proteção _____ Deus _____ todos nós.

d) Levei mamãe _____ a casa de vovó.

e) Trouxe o guarda-chuva _____ a empresa.

f) Ontem nós brincamos _____ anoitecer.

6 Observe como a preposição pode mudar o sentido da expressão e elabore frases adequadas para cada uma delas.

a) chá com açúcar

_____

b) chá sem açúcar

_____

c) bolo de chocolate

_____

d) bolo sem chocolate

_____

BRINCANDO COM A CRIATIVIDADE

Resenha crítica

Você sabe o que é um texto de opinião? A seguir, você escreverá um texto dando sua opinião sobre o filme que o professor vai mostrar.

Planejar

1. Leia as resenhas críticas de filme que o professor irá apresentar. Em seguida, responda às questões:
   - Qual é a função desse tipo de texto?
   - Onde esses textos costumam ser encontrados?
   - Quem escreve esse tipo de texto?
   - Será que os espectadores terão as mesmas opiniões apresentadas nas resenhas que você leu?
   - E será que todos os espectadores têm a mesma opinião sobre os filmes?
2. O que eu aprendi a respeito dos textos de opinião?
3. Em uma folha de papel à parte escreva uma resenha crítica do filme que você assistiu com o professor.

Produzir e compartilhar

1. Respeite cada etapa que você aprendeu para a escrita de sua resenha: planejamento, produção, revisão, edição e compartilhamento.
2. O compartilhamento será feito no *blog* da turma.

BRINCANDO

1 Pinte os espaços pontilhados e descubra o desenho formado.

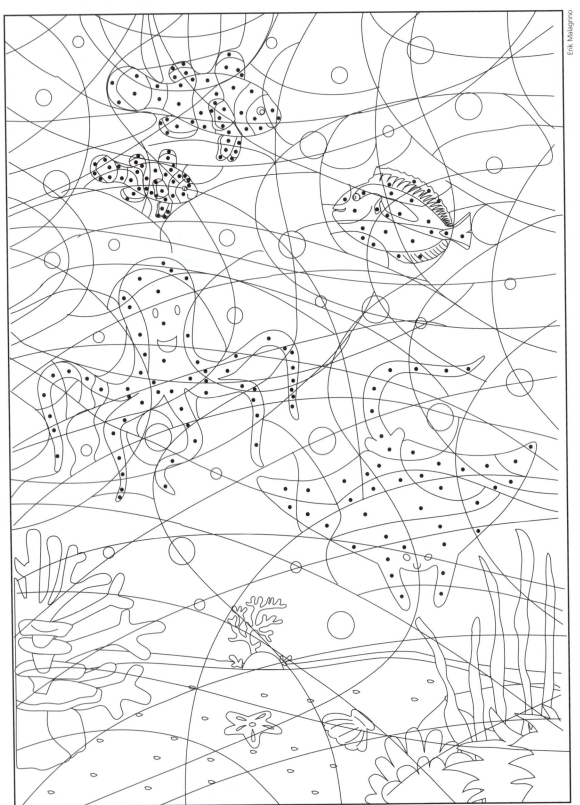

Erik Malagrino

Observe atentamente este cartaz.

Quem lê faz história.
Associe-se. IEL – Instituto Estadual do Livro.

ASSOCIAÇÃO LÍGIA AVERBUCK
SEJA AMIGO DO IEL.

Instituto Estadual do Livro - RS/Ilustração: Fernando Geisel/Campanha: Agência Competence

BRINCANDO COM O TEXTO

1 Qual é o assunto do cartaz?

_____

2 Qual é o nome de cada livro na mão dos personagens do cartaz?

_____

_____

3 Você conseguiu identificar o nome do autor desses livros? Escreva-o.

_____

_____

4 Qual é a frase principal do cartaz?

_____

_____

5 Os homens retratados no cartaz são personagens de uma história famosa. Você sabe quem são eles e o nome da história?

_____

_____

6 Pesquise (em livros do autor ou na internet) o local de nascimento do autor dos livros e responda às questões.

a) Onde o autor nasceu?

_____

_____

b) Em sua opinião, por que, no desenho, os personagens estão lendo livros dele?

_____

_____

Conjunção

Observe o exemplo abaixo.

Camilo **e** Joana estudam juntos, **mas** moram em bairros diferentes.

A palavra **e** liga duas palavras com a mesma função na oração.
A palavra **mas** liga duas orações.

> **Conjunções** são palavras que ligam duas ou mais orações ou dois ou mais termos semelhantes de uma mesma oração.

Observe a seguir algumas conjunções: **e**, **nem**, **mas**, **porém**, **todavia**, **contudo**, **por conseguinte**, **ou**, **ora**, **logo**, **pois**, **portanto**, **para**, **porquanto**, **assim**, **por isso**, **então**, **porque**, **isto é**, **entretanto**.

ATIVIDADES

1 Circule as palavras do quadro que **não** são conjunções.

ante	portanto	por	além
quando	então	plantar	mas
pois	nem	lugar	parque

2 Complete as frases com as conjunções **e**, **mas** ou **porque**.

a) Márcio _____ Marcelo são colegas.

b) Pedro não foi à escola _____ estava doente.

c) Eu gosto de caminhar, _____ prefiro nadar.

d) Gosto de maçã, pera _____ manga.

e) Ela se atrasou _____ acordou tarde.

3 Complete as frases com uma das opções entre parênteses.

a) Letícia viajará _____ Maceió. (para, por)

b) Festejou, _____ foi aprovado. (pois, e)

c) Este caminho _____ aqui é mais curto. (para, por)

d) Precisamos comprar arroz _____ farinha. (e, mas)

e) Não quero esta calça _____ aquela. (nem, por)

4 Junte as frases usando uma conjunção.

a) Comi muito. Ainda sinto fome.

_____

b) Estou cansado. Subi vinte andares de escada.

_____

c) Ana foi muito bem na prova. Tereza foi muito bem na prova.

_____

d) Talvez Mateus vença o sorteio. Talvez César vença o sorteio.

_____

Cartaz

Você viu dois cartazes diferentes nesta unidade, nas páginas 253 e 259, cada um com sua respectiva finalidade. Agora vamos criar um cartaz?

Planejar

1. Faça uma pesquisa para entender um pouco mais o gênero textual cartaz.

   - Qual é a finalidade de um cartaz? Os cartazes das páginas 253 e 259 têm a mesma finalidade?

   - Qual é o papel das imagens em um cartaz?

   - Onde podemos encontrar cartazes?

   - Quais são as características do cartaz?

   Veja a estrutura de um cartaz:

   - título (ideia principal);

   - subtítulo (complementa o título);

   - logomarca (símbolo e nome da empresa);

   - logotipo (marca da empresa);

   - *slogan* (frase de fácil memorização).

Produzir, revisar e compartilhar

© Em Cartaz – design gráfico para eventos de design. Museu da Casa Brasileira

1. Agora chegou sua vez de criar um cartaz com base nas informações que obteve sobre esse gênero.

   - Escolha um dos temas sugeridos pelo professor.

   - Crie a mensagem.

   - Selecione a imagem.

   - Escolha o tipo de letra que deseja, as cores etc.

2. Peça ao professor que revise seu cartaz e depois faça as correções necessárias.

3. Os cartazes da turma podem ser expostos na sala de aula para que todos os leiam.

ORALIDADE

Exposição oral

Apresente à turma o resultado de sua pesquisa e o cartaz confeccionado.

Depois, siga as orientações do professor para publicar o material elaborado sobre esse gênero.

BRINCANDO

1 Observe as imagens a seguir e marque as sete diferenças entre elas.

Claudia Marianno

 **TEXTO 1**

Você conhece a personagem Suriá?
Leia a história em quadrinhos (HQ).

Laerte.

A história em quadrinhos que você acabou de ler faz parte de uma série de tirinhas e HQ criada por Laerte, um dos grandes nomes dos quadrinhos do Brasil.

BRINCANDO COM O TEXTO

1 Copie o título da história em quadrinhos.

_____

2 Pelo título da história em quadrinhos, quem é a personagem principal?

_____

3 Além dela, quem mais participa da história?

_____

4 Nos cinco quadrinhos da história, o que os personagens estão fazendo?

_____

_____

_____

5 Assinale as palavras ditas pelos personagens até o quarto quadrinho.

☐ pesadelo   ☐ cotovelo   ☐ pelo

☐ cabelo   ☐ gelo   ☐ limoeiro

☐ novelo   ☐ picadeiro   ☐ camelo

6 O que essas palavras têm em comum?

_____

_____

7 O que acontece no último quadrinho da história?

_____

_____

_____

_____

A GRAMÁTICA

Interjeição

Leia as frases.

Ai! Está doendo!

Oba! Vamos à praia!

As palavras **Ai!** e **Oba!** exprimem uma sensação ou emoção. Elas são **interjeições**.

> As palavras que exprimem emoções, sensações de alegria, admiração, dor etc. são **interjeições**.

Veja outras interjeições:

- de dor: Ai!, Ui!
- de alegria: Oba!, Ah!, Oh!, Eh!
- de admiração: Ah!, Oh!, Eh!
- de aplauso: Bravo!, Viva!, Bis!
- de apelo: Psiu!, Socorro!, Ei!

- de saudação: Olá!, Alô!
- de desejo: Tomara!, Oxalá!
- de silêncio: Psiu!, Silêncio!
- de espanto: Xi!, Ih!
- de aborrecimento: Arre!, Xi!

✏️ ATIVIDADES

1 Sublinhe as interjeições nas frases a seguir.

a) Xi! Estou muito atrasado.

b) Psiu! Venha até aqui.

c) Tomara que ela venha!

d) Arre! Não aguento mais.

e) Alô! O que me conta de novo?

f) Oh! Há quanto tempo não nos vemos!

2 Complete as frases com uma das interjeições do quadro.

> Xi!   Bravo!   Olá!   Opa!   Oba!   Ai!

a) _____ Você tocou muito bem!

b) _____ Há algo errado aqui!

c) _____ Parece que vai chover!

d) _____ Que dor horrível!

e) _____ Como vai você?

f) _____ Ganhei!

3 Complete com uma interjeição adequada.

a) _____ Que linda flor.

b) _____ Que bicho feio.

c) _____ Como vai você?

d) _____ Não aguento o calor.

e) _____ Eu conto com você.

f) _____ Tirei 10 na prova.

g) _____ Estou com dor de cabeça.

h) _____ Espero que faça sol hoje.

4 Associe a interjeição destacada à emoção que ela expressa.

a) Tomara que ele consiga a caneta.   alívio

b) Cuidado! Desse jeito você se machuca.   surpresa

c) Eita! É mais longe do que pensei.   preocupação

d) Ufa! Terminei a prova a tempo.   desejo

5 Elabore frases empregando interjeições que expressem:

a) dor _____

b) espanto _____

c) aplauso _____

d) alegria _____

TEXTO 2

Você conhece o personagem da fotografia abaixo?

Leia o trecho de uma notícia.

 www.megacurioso.com.br/estilo-de-vida/114086-batman-patrulha-as-ruas-domexico-para-fiscalizar-quarentena.htm

Batman patrulha as ruas do México para fiscalizar quarentena

Ruptly GmbH

As autoridades de todo mundo têm pedido de forma insistente para que os cidadãos permaneçam em suas casas. Mas no centro de Monterrey, no México, uma grande quantidade de pessoas continuava circulando nas ruas, mesmo com o número crescente de casos de covid-19.

Por isso, um super-herói resolveu entrar em cena para ajudar as autoridades a manter as pessoas em suas casas como parte de um plano de distanciamento social para retardar a propagação do novo coronavírus.

Um Batman da vida real, vestindo o traje icônico do super-herói da DC e dirigindo uma versão personalizada do Batmóvel, patrulha as ruas da cidade e pede para que as pessoas fiquem em casa, em quarentena.

O homem não identificado passou seus dias divulgando uma mensagem pré-gravada de seu Batmóvel, incentivando as pessoas a minimizar a interação física: "Ei você! Fique em casa, tente sair o mínimo possível e juntos seremos super-heróis contra o coronavírus. Não posso fazer esse trabalho sozinho".

[...]

Aléxis Cerqueira Góis. *Megacurioso,* Curitiba, 11 abr. 2020.
Disponível em: www.megacurioso.com.br/estilo-de-vida/114086-batman-patrulha-as-ruas-do-mexico-para-fiscalizar-quarentena.htm. Acesso em: 26 jun. 2020.

BRINCANDO COM O TEXTO

1 Qual é o título da notícia?

_____

_____

2 Qual é a data da publicação?

_____

3 Quem é o autor da publicação?

_____

4 Qual é o fato noticiado?

_____

_____

_____

_____

5 Qual é a função do texto que você leu?

☐ Fazer um anúncio publicitário.

☐ Divulgar a notícia do dia.

☐ Apresentar a opinião do autor.

☐ Receitar um remédio.

6 Pesquise o que significa **coronavírus** e **covid-19**. Depois, escreva um resumo do que encontrou.

_____

_____

_____

_____

_____

7 Pesquise no dicionário o significado das palavras destacadas a seguir e leia as explicações. Em seguida, explique com suas palavras o que elas significam no texto lido.

a) "Batman **patrulha** as ruas do México para **fiscalizar** quarentena".

_____

b) "[...] uma grande quantidade de pessoas continuava **circulando** nas ruas".

_____

c) "[...] para **retardar** a **propagação** do novo coronavírus".

_____

d) "Um Batman da vida real, vestindo o traje **icônico** do super-herói [...]".

_____

e) "[...] **incentivando** as pessoas a **minimizar** a interação física".

_____

 **BRINCANDO**

Você sabe o que são _fake news_? Leia os títulos das notícias a seguir. Depois, converse com os colegas e o professor.

Marcos Machado

Disponível em: https://br.pinterest.com/pin/439101032417095415/visual-search.
Acesso em: 16 jul. 2020.

Lixo eletrônico

Você alguma vez já se perguntou para onde vão os computadores e outros aparelhos eletrônicos que não queremos mais?

Esses aparelhos não podem ser descartados de qualquer forma, pois são constituídos, entre outras coisas, de materiais que precisam ser tratados corretamente para que sejam reciclados e não prejudiquem o meio ambiente.

Lixo eletrônico em loja de Bangcoc, Tailândia, 2016.

Os aparelhos e outros produtos tecnológicos que descartamos são chamados de **lixo eletrônico**.

Alguns exemplos de lixo eletrônico: monitores e teclados de computadores, telefones celulares, baterias e pilhas, televisores, câmeras fotográficas, impressoras, carregadores de bateria etc.

1 Em sua casa, alguém já precisou descartar um aparelho eletrônico? Qual?

_____

_____

2 Como esse aparelho foi descartado?

_____

_____

3 Por que devemos dar o destino adequado a aparelhos e outros materiais eletrônicos que não desejamos mais? Converse com os colegas e o professor a respeito disso.

1 Desvende o enigma a seguir e descubra o que aconteceu. Depois escreva a mensagem decifrada nas linhas abaixo.

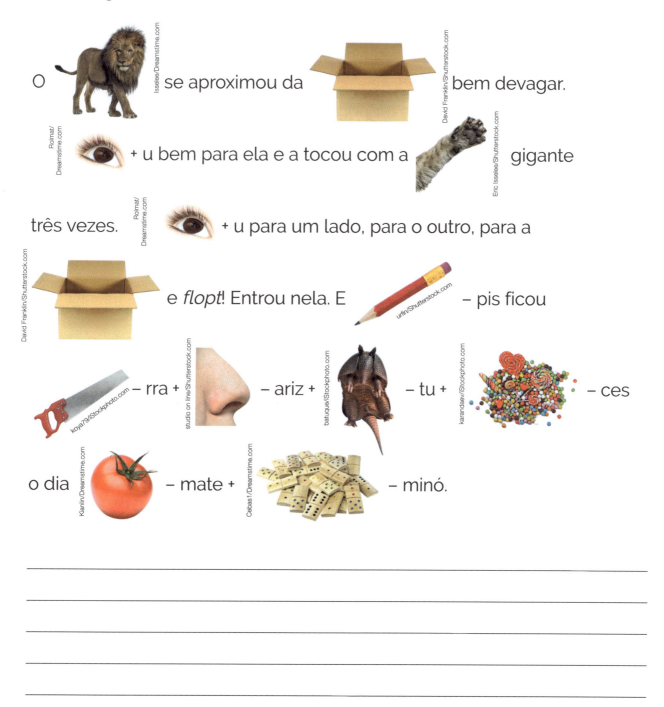

O [leão] se aproximou da [caixa] bem devagar.

[olho] + u bem para ela e a tocou com a [pata] gigante

três vezes. [olho] + u para um lado, para o outro, para a

[caixa] e *flopt*! Entrou nela. E [lápis] – pis ficou

[serra] – rra + [nariz] – ariz + [tatu] – tu + [doces] – ces

o dia [tomate] – mate + [dominó] – minó.

_____

_____

_____

_____

_____

2 Observe o texto e complete com o que é pedido entre parênteses.

Outro dia_____ (substantivo próprio) comprou_____ (artigo indefinido) estojo novo cheio _____ (preposição) lápis _____ (adjetivo).

_____ (**chegar** no pretérito) em _____ (substantivo comum) e mostrou-_____ (pronome pessoal oblíquo) a sua mãe.

A mãe, _____ (conjunção) viu os lápis, disse:

_____ (pontuação que indica fala) Guarde os lápis direitinho porque _____ (advérbio de tempo) _____ (pronome de tratamento) deixou seus brinquedos _____ (adjetivo) espalhados por _____ (advérbio de lugar).

— _____ (interjeição de espanto), como a _____ (pronome de tratamento) é exigente, mamãe _____ (pontuação que indica espanto ou surpresa).

3 Forme substantivos e adjetivos com as peças da caixa; depois, escreva-os nas linhas.

_____

_____

_____

_____

_____

_____

_____

_____

_____

_____

Erik Malagrino

CAR
RO   DO   LI   ZA
POL   A   RE
EM   GA   TE
VRA
RI   TRIS

■ Agora pinte de **azul** os substantivos e de **laranja** os adjetivos que você formou.

4 Observe as imagens.

1

2

3

■ Agora, com base nelas, elabore:

a) uma frase afirmativa para a imagem 1;

_____

b) uma frase exclamativa para a imagem 2;

_____

c) uma frase interrogativa para a imagem 3.

_____

5 Encontre no diagrama um advérbio de lugar, um de tempo, um de modo e um de intensidade.

R	H	J	K	G	P	P	É	A	L	E	P	A	R	N	V
C	A	X	D	G	N	V	S	J	F	B	C	G	V	W	T
A	G	O	R	A	S	Ó	C	É	H	X	X	L	L	E	A
Ã	Ç	Í	U	H	T	E	É	B	C	P	Z	V	O	U	N
T	C	A	L	M	A	M	E	N	T	E	Ç	N	C	T
Q	R	V	K	T	W	O	Q	P	Ó	R	G	P	G	V	O
Ç	U	X	U	N	R	A	M	É	E	O	G	G	E	X	R

■ Elabore uma frase com os advérbios que você encontrou no diagrama.

_____

_____

6 Observe as imagens e complete o diagrama.

■ Agora use as palavras do diagrama para formar outras trocando uma ou mais letras. Em vez de escrevê-las, faça um desenho para representar as palavras formadas.

7 Leia a tirinha.

Fernando Gonsales. *Níquel Náusea*.

■ Copie do texto o que se pede a seguir.

a) Um substantivo no singular: _____.

b) Um substantivo no plural: _____.

c) Um verbo de primeira conjugação (-**ar**): _____.

d) Um verbo de segunda conjugação (-**er**): _____.

e) Um verbo de terceira conjugação (-**ir**): _____.

f) Um adjetivo: _____.

g) Um numeral: _____.

8 Sublinhe com um traço o sujeito e com dois traços o predicado.

a) O detetive concluiu a investigação.

b) Eu gosto de Marcelo.

c) O carro foi estacionado.

d) Roberto e Ana estudaram bastante.

e) No Brasil há muitos rios.

f) Viviane almoça em casa todos os dias.

Unidades 14-17 – Modelos de conjugação verbal

Verbo da primeira conjugação – Cantar (indicativo)			
Presente		**Pretérito imperfeito**	
Eu canto	Nós cantamos	Eu cantava	Nós cantávamos
Tu cantas	Vós cantais	Tu cantavas	Vós cantáveis
Ele/Ela canta	Eles/Elas cantam	Ele/Ela cantava	Eles/Elas cantavam
Pretérito perfeito		**Pretérito mais-que-perfeito**	
Eu cantei	Nós cantamos	Eu cantara	Nós cantáramos
Tu cantaste	Vós cantastes	Tu cantaras	Vós cantáreis
Ele/Ela cantou	Eles/Elas cantaram	Ele/Ela cantara	Eles/Elas cantaram
Futuro do presente		**Futuro do pretérito**	
Eu cantarei	Nós cantaremos	Eu cantaria	Nós cantaríamos
Tu cantarás	Vós cantareis	Tu cantarias	Vós cantaríeis
Ele/Ela cantará	Eles/Elas cantarão	Ele/Ela cantaria	Eles/Elas cantariam

Verbo da segunda conjugação – Vender (indicativo)			
Presente		**Pretérito imperfeito**	
Eu vendo	Nós vendemos	Eu vendia	Nós vendíamos
Tu vendes	Vós vendeis	Tu vendias	Vós vendíeis
Ele/Ela vende	Eles/Elas vendem	Ele/Ela vendia	Eles/Elas vendiam
Pretérito perfeito		**Pretérito mais-que-perfeito**	
Eu vendi	Nós vendemos	Eu vendera	Nós vendêramos
Tu vendeste	Vós vendestes	Tu venderas	Vós vendêreis
Ele/Ela vendeu	Eles/Elas venderam	Ele/Ela vendera	Eles/Elas venderam

Futuro do presente		Futuro do pretérito	
Eu venderei	Nós venderemos	Eu venderia	Nós venderíamos
Tu venderás	Vós vendereis	Tu venderias	Vós venderíeis
Ele/Ela venderá	Eles/Elas venderão	Ele/Ela venderia	Eles/Elas venderiam

Verbo da terceira conjugação – Partir (indicativo)

Presente		Pretérito imperfeito	
Eu parto	Nós partimos	Eu partia	Nós partíamos
Tu partes	Vós partis	Tu partias	Vós partíeis
Ele/Ela parte	Eles/Elas partem	Ele/Ela partia	Eles/Elas partiam

Pretérito perfeito		Pretérito-mais-que perfeito	
Eu parti	Nós partimos	Eu partira	Nós partíramos
Tu partiste	Vós partistes	Tu partiras	Vós partíreis
Ele/Ela partiu	Eles/Elas partiram	Ele/Ela partira	Eles/Elas partiram

Futuro do presente		Futuro do pretérito	
Eu partirei	Nós partiremos	Eu partiria	Nós partiríamos
Tu partirás	Vós partireis	Tu partirias	Vós partiríeis
Ele/Ela partirá	Eles/Elas partirão	Ele/Ela partiria	Eles/Elas partiriam

Verbo pôr (indicativo)

Presente		Pretérito imperfeito	
Eu ponho	Nós pomos	Eu punha	Nós púnhamos
Tu pões	Vós pondes	Tu punhas	Vós púnheis
Ele/Ela põe	Eles/Elas põem	Ele/Ela punha	Eles/Elas punham

Pretérito perfeito		Pretérito mais-que-perfeito	
Eu pus	Nós pusemos	Eu pusera	Nós puséramos
Tu puseste	Vós pusestes	Tu puseras	Vós puséreis
Ele/Ela pôs	Eles/Elas puseram	Ele/Ela pusera	Eles/Elas puseram

Futuro do presente		Futuro do pretérito	
Eu porei	Nós poremos	Eu poria	Nós poríamos
Tu porás	Vós poreis	Tu porias	Vós poríeis
Ele/Ela porá	Eles/Elas porão	Ele/Ela poria	Eles/Elas poriam

Galeria Jacques Ardies, São Paulo

Darren Hester/Dreamstime.com; Fabio Colombini; Gabriel Rojo/Nature PL/Fotoarena; Justin Black/Shutterstock.com; Zoom-zoom/Dreamstime.com; Uatp1/Dreamstime.com; Micha Ki; otwijk/Dreamstime.com; Bird Hunter/Shutterstock.com; eli77/iStockphoto.com

Ilustrações: Nicolas Primola/Shutterstock.com

Recorte as peças do quebra-cabeça, forme frases e cole-as em uma folha de papel à parte.

conheceu a minha mãe hoje.

Os filmes infantis

para a festa de aniversário.

agradam aos adultos.

Eu gosto

também.

do meu primo.

A mãe do Gustavo,

de comer pipoca

no cinema.

Maria e Júlia foram

que é muito legal,